おとな料理制作室へようこそ

美窪たえ

はじめに

みなさま、はじめまして。私は「おとな料理制作室」というnoteやYouTubeチャンネルを中心に活動している料理家・フードプロデューサーの美窪たえです。まだ若かった会社員時代に、時の大きな流れ（俗に言う「失われた20年」）の影響で苦い経験をして「さて、これから何をして生きていこうか」と考えていた時、ふと目に留まったバーテンダースクールの記事をきっかけに、ホテルのバーテンダーから飲食業界に入りました。

そこから料理人に転向して、小さな料亭で日本料理を修業した後、一軒家レストランでフランス料理を学び、アメリカ発のデリのキッチンで世界の食文化への見聞を広め、デザイン会社の飲食部門でメニュー開発や新業態企画などを担うフードプロデューサーを務めました。

私は「お客さまのため」に料理を作ることを仕事にしながら、同時に日々の生活の中で「自分のため」の料理も作ってきました。家で、自分で作る料理は「自分が食べる料理」であるわけですから、「自分にとってのおいしさ」はとても大切です。私にその意識を叩き込んでくれたのは、料理人として最初の修業先であった日本料理店の親方が日々作ってくれた「まかない」の存在でした。

料理人の1日は長く、店で食べる食事はとても重要なものです。まかないに使える限られた材料と時間の中で、「毎日のことだからこそおろそかにしない、人が食べるから気を抜かない、自分も食べるから偏らない」といった食事の作り手としての信念を間近で見ながら過ごした時間が、私に「自分だけが食べるものでも、自分以外の誰かが食べるとしても、おいしさに差を付けない」という決意を与えてくれました。

これまで様々な料理を作り続けてきた中で気付いたのは、料理ができあがるまでに必要な「食材を見る・切る・焼く・煮る・揚げる・味付けする」といった大まかな道筋は、どの料理にも通じているということです。そして、家でも同じように「料理」というものを「大きく捉える」ことで、持っている道具といつも使っている調味料、近所のスーパーで買える食材からでも、実に多彩な料理を作ることができるようになります。

そうした料理に対する捉え方や向き合い方をわかりやすくお伝えすることができたらと、私自身が家で作って食べるのが好きな料理から、できるだけ広く多様なレシピを意識してこの1冊にまとめました。

「おとな料理制作室」の「おとな」には、「自分にとってのおいしさを、自分でまず感じて、時に考え、選び取ることができる」という思いが込められています。この本がみなさまにとって、新しいおいしさと出会うきっかけになれたならとても幸せです。

目次

一章／春

二章／夏

目次

三章／秋

四章／冬

料理を始める前に

おいしい料理のために

料理をする上で大切なことは「料理を嫌いにならない工夫」だと考えています。その一番は**ケガをしないこと**です。手を切ったり火傷でもすれば、何よりもまず自分が痛い。そして、料理は途中で滞り、恐怖心が料理の苦手意識を呼び込んで、一つもよいことがありません。「そんな当たり前のことを」と思われるかもしれませんが、とても大事なことなのであえて書きます。

期限切れの材料や調味料を見つけて憂鬱にならないように、買い物をする前に考えること。自分が使いやすい道具を選ぶこと。きっと自分がおいしいと思えるレシピを選んで作ること。すべては、料理を嫌いにならないための大切な工夫です。嫌いにならなければ、長く続けていくことができます。

調味料のこと

ここで説明する調味料をすべて揃える必要はありませんが、あると家の料理がよりおいしくなります。ただし「慣れない調味料を買っても、無駄にしてしまうのでは」という不安を感じる場合は、まずは手持ちのものだけで作れる料理から試してみるのが、経済的にも精神衛生的にもヘルシーです。

よく使う調味料はいつも同じ銘柄を使うと、勘が備わって味付けが早く決まりやすくなります。その一方で、いろいろな味わいを試すことも料理の楽しみ方の一つ。調味料の銘柄を変えた時は、一度作ったことのある料理を同じ分量で作ってみると、違いがわかりやすく、早く慣れることができます。本書で使う主な調味料には、次のようなものがあります。

▶ 調味料①

醤油と塩

醤油は濃口醤油と薄口醤油、塩は海塩を使っています。

醤油は和食の要。2種類あると重宝します。「濃口」は醤油そのもののおいしさと濃い色をきかせたい料理に。色が淡く濃口に比べて塩味がやや強い「薄口」は、素材の色を生かして味付けを引き締めたい時に使います。本書のレシピでは濃口のことを「醤油」、薄口のことを「薄口醤油」と表記しています。塩は味付けからパスタを茹でるお湯に入れるものまですべて、精製塩に比べ味わいに丸みのある「海塩」がおすすめです。

▶ 調味料②

油類

サラダ油・ごま油・オリーブオイルを使っています。

油は材料が鍋にくっつくのを防ぐという実用面だけでなく、「素材の加熱を助ける・香りやコク、ツヤを与える・保存性を高める」など料理の魅力をより高める働きをしてくれます。控えすぎず「適度に使う」ことがおいしさのコツです。「サラダ油」は値段の手頃さと味に特徴がないのが特徴。クセを付けたくない料理や、揚げ油に向いています。「ごま油」は中華風の香り付けや、和食のコク出しに効果的。「オリーブオイル」は炒め油にも仕上げの風味付けにも使えるエクストラバージンタイプを、ぜひ選んでください。

▶ 調味料③

酒類

日本酒・紹興酒・ワインを使っています。

酒類は「肉や魚のにおいを抑えたり、食感を柔らかくする」といった効果と、旨味や風味付けの役割があります。ただ、ないと料理が作れないと言うよりも「あるとより料理をおいしくするもの」です。私は和食を中心に一番よく使う「日本酒」は手頃な値段のものを料理用に常備して、他の種類は飲むために買った物から料理に使うことが多いです。中華系の料理に「紹興酒」を使うと、加熱による濃厚で甘い香りが本物っぽさを加えてくれます。「ワイン」は爽やかさを加えたい洋風料理に。また煮詰めると味に深みが出ます。

甘味

▶調味料④

本みりん・砂糖（てんさい糖）・はちみつを使っています。

糖分を含む調味料は、甘さを付ける以外に、「味にコクを与え、ツヤやテリが出て見た目をおいしそうに仕上げる」効果があります。［本みりん］は、和食はもちろん中華系の料理も、くどさのないまろやかな甘さに仕上げてくれます。砂糖は、コクがあり柔らかい甘味の［てんさい糖］を。［はちみつ］は独特の風味ととろみが、ソース・お菓子作りに役立ちます。

香辛料など

▶調味料⑤

［こしょう］は最も身近なスパイスと言えるので、日々気軽に使えることが重要です。私は風味と見た目の存在感が強い［黒こしょう（粒）］と、色・香りが穏やかな［白こしょう（パウダー）］の2種類を常備しています。本書のレシピでは黒・白どちらでもよい場合は［こしょう］、どちらか指定する場合は［黒こしょう］［白こしょう］と表記しています。酢は和洋中を問わず［純米酢］1本で。旨味があり酸味が柔らかいので、味わいが自然になじみます。他に、カレー粉・チリパウダーなどのスパイス類、オレガノ、マスタードを使う料理がありますが、詳しくはそれぞれレシピと合わせて紹介しますので、そちらをご確認ください。

分量について

- 分量は主にgとℓで表記しています。液体のg・cc・ℓはほぼ同じです。
- 計量スプーンの大さじ1＝15ccは、［水・出汁・酒・酢］などさらっとした液体で15g（15mℓ）、［油・砂糖・粗めの海塩］はそれよりやや軽く（9〜12g）、［醤油・みりん・味噌］など塩分や糖分を含む調味料は18gが目安です。
- レシピを見て味を想像する時は、自分が見当を付けやすいもの、例えばまず［醤油］を見てから、次に［みりん］はそれと同量かもしくは少し控えめか、という順に見ていくと、単位にかかわらず味付けがイメージしやすくなります。

一章【はる】

春

走り・旬・名残。
日本の食文化で尊ばれる
季節の移ろいに
触れるのが、春の喜び。
初物を追いかけながら、
体の内側から目を覚ます。

おひたし

クラムチャウダー

P.25

ロールキャベツ

P.29

チキン南蛮

春を味わう

おひたし

ざわつく心を落ち着かせてくれる、そんな料理がある。油とにんにくたっぷりの、突き抜けるようなおいしさに身をまかせる日があってもいい。ただ、同じようにいつでも手が届くところに静かな料理もあってほしい。季節の野菜を色よく湯掻いて、出汁をきかせた汁に文字通り浸す［おひたし］は、野菜と水のおいしさが改めて感じられる美しい日本の料理。沸き立つ派手さはないけれど、作って食べればきっと満足できるはず。

おひたしの作り方

〈材料〉2人分

▶ひたし地※

- 出汁……600g
- みりん……30g
- 薄口醤油……30g
- 塩……2g

- 好みの春野菜（菜の花・うるい・アスパラガス・ケール・そら豆など）……各1パック
- 塩（下茹で用）……適量

※ひたし地は、この分量で例に挙げた5種の野菜（各1パック）を一度に全部浸せる量ができあがります。

▼うるい
春を告げる山菜の一つ。ユリ科「オオバギボウシ」の若芽。アクが少なく、ややぬめりのある食感で、味にクセもなくて食べやすい。

▼地（じ）
用途に合わせて味付けした汁や生地を呼ぶ日本料理用語。ひたし地（おひたし）、吸い地（お吸い物の汁）、玉地（卵焼き・茶碗蒸し）など。

野菜は季節ごとに手に入りやすいものが一番おいしい。その中でも出回る時期が短い季節感の強いもの、これを浸してみたらどうだろうと興味が湧く変わり種など、盛り合わせた時の全体の色味や食感に思いを巡らせながら、好きなものを1種類でも何種類でも。おひたしを食べ尽くした後に残るひたし地は、鶏肉やかまぼこを足してうどんにするとおいしく食べ切ることができます。

野菜を準備する

春は緑の野菜が売り場に溢れて、胸が踊る。**野菜は水に浸けて元気にしておくと、おいしく茹で上がります。**私が好きなものをいくつか挙げると、いかにも春がやってきたと感じる［菜の花・うるい］。うるいは山菜の一種で、アクが少なく他の野菜と同様に扱えます。長さのある野菜は茹でる前に切るとバラバラになって扱いにくいため、切るのは後に。［アスパラガス・ケール］といった洋野菜は洒落感が出ておもしろくなり、［そら豆］のようなころっとしたものも変化が出て楽しい。そら豆は薄皮に切り込みを入れておくと、火の通りがよくなり後でむきやすくなります。

ひたし地を合わせる

鍋にひたし地の材料を合わせて、一度沸かして冷ましておきます。沸かすことでみりんのアルコールが飛び、味がまとまります。ひたし地はあくまで野菜の味を生かす下地なので主張しすぎず、それでいて**一見控えめに思わせておきながらしっかり下支えするしたた**

かさも必要。私は野菜のきれいな緑をできるだけ生かせるように、醤油は必ず色の淡い薄口醤油を使います。

野菜を茹でる

大きめの鍋に湯を沸かし、塩を加えて野菜を茹でます。緑野菜は湯に入れたらまず全体を箸で沈め、色がさっと鮮やかになり、箸で泳がせた時にしなやかさを感じたら引き上げます。うるいのような長さのある野菜は、束の上の方を握って根元から湯に入れ、しなってきたら全体を箸で沈めます。

野菜は、少し面倒に感じても種類ごとに茹でる方がそれぞれのタイミングがわかりやすく、結果シンプル。おひたしの野菜は生っぽいのはだめですが、あまりにふにゃふにゃなのもちょっと切ない。色の変化や箸先の感触を目安にして、心配なら食べて確かめるのが一番です。

野菜を冷ます

食感を残したいもの、熱で色が褪せやすいものは、茹でたそばから水に取りすぐに冷やします。菜の花、小松菜のような緑が濃く柔らかくなりやすいもの、また、ややアクが強いほうれん草も水にさらすとアクによる変色を防げます。長く浸けたままにすると風味が抜けて水っぽい味になるので、冷めたら早めに水気を切ることも大切。

柔らかく食べたいそら豆、繊維が強いケールなどは、ザルに上げて自然に湯気を飛ばすだけで大丈夫です。

ひたし地に浸す

水に取った野菜は水気を手で絞り、必要に応じてキッチンペーパーで水気を押さえます。絞るといっても、**せっかく歯触りよく茹でた野菜を握り潰してしまうほどではやりすぎ**。絞るのは水に取った時についた水気であって、野菜そのものが持つおいしい水までを絞り切らないように力加減に気をつけます。

長い野菜は食べやすく5〜6cm長さに切り、容器に並べて上から冷ましたひたし地をひたひたに注ぎ入れ、冷蔵庫で冷やします。

▼**ひたひた**
ちょうど物が浸るくらいの液体量。時間が経つと野菜から水が出て全体が浸かるようになり、味がなじんだ目安になる。

できあがり

全体が冷えて、味がなじんだら完成です。浸して1時間後くらいからおいしく食べられますが、一晩置くと野菜の色はそのままに出汁の味を含み、また違ったおいしさが楽しめます。盛り付ける時にはひたし地も一緒に軽く張り、おいしい水気と一緒にどうぞ。シャキシャキしっとりほっくり、苦味甘味。おひたしという一つの料理の中で野菜の個性が豊かに際立ち、普段なら副菜のイメージのおひたしが贅沢な雰囲気で味わえます。

ちょっと手を加えて、もう一品

おひたしをすっかり食べ尽くした後に残るひたし地は、軽く味を調えてうどんのつゆに。

鍋にひたし地を入れて中火にかけ（肉やエビを加える場合は一緒に加熱）、味を見て醤油・塩で調え、茹でうどんを入れて煮る。器に盛り、好みの具材や薬味をあしらい、できあがりです。

おひたし汁のうどんの材料

〈材料〉1人分

・おひたしの残ったひたし地 ………… 300g
・薄口醤油 ………… 適量
・塩 ………… 適量
・茹でうどん ………… 1玉

・お好みの具材や薬味（鶏肉・豚肉・エビ・卵・かまぼこ・ねぎ・揚げ玉など） ………… 各適宜

白の気分か、赤の気分か。

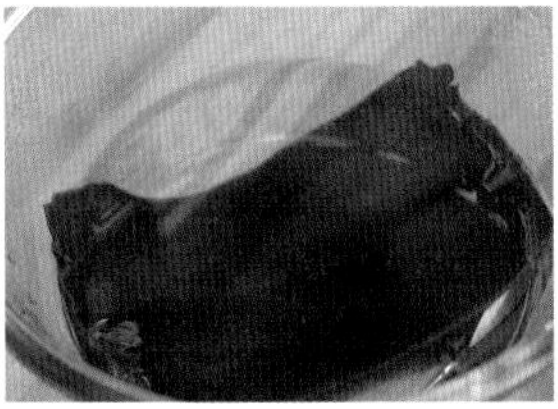

昆布出汁は、だし昆布1枚（5g）に湯600gを注いで20分置くと手軽に取れる（この分量で480g前後できる）。

クラムチャウダー

水温む春は、二枚貝がおいしくなる季節で、自然と食べたくなる。塩水に浸した生のあさりがのびのびリラックスする様子を見るのはおもしろい。

あさりをたっぷりと使いたいクラムチャウダーには、砂も殻も気にせず手軽に使える［冷凍むきあさり］を重宝している。定番の白いチャウダーは元より、私はトマト味の赤いスープもお気に入り。白と赤、2つのスープを、その時々の気分で楽しんでいる。

クラムチャウダーの作り方

〈材料〉2～3人分

- 冷凍むきあさり（加熱済み）…… 200g
- ベーコン（ブロック） …… 100g（7㎜角の棒状に切る）
- 玉ねぎ …… 1.5個（450g）（1.5cm角切り）
- セロリ（葉は除く）…… 1本（100g）（縦2～3等分にして7㎜厚さの小口切り）
- にんじん …… 100g（縦¼にしてから斜め薄切り）
- じゃがいも …… 2個（200g）（皮をむいて1cm角に切り水に浸ける）

- オリーブオイル …… 15g

- オレガノ（ドライ）…… 2～3振り
- 薄力粉 …… 45g
- 昆布出汁 …… 450g
- 牛乳 …… 200g
- 塩 …… 2g
- 白こしょう …… 少々
- バター …… 20g
- パセリ …… 適宜

ゆっくり炒めることで生まれる「ベーコンの旨味や野菜の甘さ」が、おいしいスープの素になる。**土台さえしっかりしていれば、色と雰囲気がまるで変わったとしても、おいしさは少しも揺るぎません。**

ベーコンを炒める

鍋にオリーブオイルを入れて弱火で温め、ベーコンを加えて炒めます。**洋風のスープ作りでベーコンは、具というよりも旨味（出汁）の一つとして使われることが多い。**焦がさないように時々混ぜながら、おいしい脂を引き出すようにじっくり加熱します。

野菜を炒める

ベーコンから脂が出ておいしそうな焼き目が付いてきたら［玉ねぎ・塩ひとつまみ（分量外）］を加え、少し火を強めて炒め合わせます。ここから先は、**ベーコンのおいしさが移った油で野菜を炒めていくイメージ。**玉ねぎのかさが減ったら弱火に戻し、黄色みがかって甘い香りがしてくるまで、さらに5分ほど炒め続けます。**炒め玉ねぎの旨味も、洋風スープの重要な出汁の一つ。**続いてセロリを加えて透き通るまでさらに5分ほど炒め、［にんじん・じゃがいも・オレガノ］を加えさらに炒めます。

野菜を入れる順番は、時間をかけて加熱することで旨味が増す［玉ねぎ］、次に香味野菜で硬さのある［セロリ］、続いて具として形を残したい［にんじん］［じゃがいも］と、それぞれの性質と役割をイメージしながら加えていくと、頭も鍋の中もすっきりします。

▼**玉ねぎを炒める時は塩をひとつまみ**

玉ねぎは、はじめにごく少量の塩を振って炒めると、水分が早く引き出され旨味が凝縮しやすい。味を感じない程度のごく少量で効果がある。

▼**オレガノ**

イタリアのトマト料理や、メキシコ料理に使うチリパウダーに欠かせないシソ科のハーブ。生よりも乾燥の方が香りが強くなる、珍しい種類。

▼薄力粉は火を止めて加える

一度火を止めてから薄力粉を加えると、状態変化が緩やかになり、落ち着いてしっかり炒めることができる。

薄力粉を加える

じゃがいもが透き通ってきたら、**一度火を止めて薄力粉を振り入れ**、全体に行き渡るように混ぜ込みます。一様になじんだら再び火をつけ、弱火で全体を温めるように炒めます。粉が鍋にこびり付きやすくなりますが、ここで焦がしてしまうと仕上がりの色と香りに影響するので、しばし根気よく混ぜ続けてください。

昆布出汁を加えて煮る

全体がしっかり温まったら昆布出汁を3〜4回に分けて加え、その都度粉を溶かすようによく混ぜます。なめらかになったら時々鍋底からしっかり混ぜつつ、野菜が好みの柔らかさになるまで蓋をして煮てください。

冷凍あさりを加える

野菜がしっとり煮えたら、冷凍あさりを凍ったまま加えて、時々鍋底からかき混ぜながら温めます。冷凍あさりは溶けて温まれば十分なので、野菜が柔らかく煮えたことを確認してから加えます。**野菜のしっとりとあさりのふっくらを揃えると、食感も素敵に。**

できあがり

あさりが溶けて全体が温まったら［牛乳・塩・好みで白こしょう］を加えて混ぜ、最後にバターを加えてなじませ完成です。お好みでパセリを振って。牛乳で煮込むのではなく、仕上げに乳製品を加えることで、香りのやさしい豊かな味に仕上がります。

ちょっと手を加えて、もう一品

このレシピを少しアレンジして作るのが「赤いチャウダー」。材料や野菜を炒めるまでの手順は白いチャウダーとほぼ同じ。薄力粉を加えるところをトマト缶にすると、酸味が爽やかな赤いチャウダーに変わります。

こちらは先にバターで具材を炒め、最後にトマトと相性のよいオリーブオイルを回し入れると風味よく仕上がります。タバスコをきかせて、ピリッと味を引き締めるのもポイントです。

▼セロリの葉は

味と見た目にインパクトのあるチリビーンズ（P116）なら、セロリの葉の強い風味が生かせて無駄なく使いきれる。材料に追加しても、葉だけを集めて作ってもおいしい。

赤いチャウダーの材料

〈材料〉2〜3人分

・冷凍むきあさり（加熱済み）……200g
・ベーコン（ブロック）……100g
・玉ねぎ……1個（300g）
・セロリ（葉は除く）……1本（100g）
・にんにく……1かけ（みじん切り）
・パプリカ……½個（100g）
（縦¼にしてから、7㎜幅に斜め切り）
・じゃがいも……2個（200g）

・バター……20g

・オレガノ（ドライ）……3〜5振り
・トマトホール缶詰……1缶（400g）
・昆布出汁……450g
・塩……2g

・タバスコ®……適量
・オリーブオイル……15g

くるっと。くるくると

ロールキャベツ

いつもの大通りから横道へ入ると、小さな洋食屋さんの表の黒板が目に入り、そのまま吸い込まれた。ナイフを入れるとすっと切れるキャベツの柔らかさ、それでいて形を保つそつのなさ、期待を裏切らない穏やかな味。外でロールキャベツを食べたのは、それがきっと初めて。その店のおかげでロールキャベツという料理がとても好きになったことを、20年以上が経つ今もよく覚えている。

ロールキャベツの作り方

〈材料〉2人分（4個）

- キャベツ……4〜6枚
- 水……700g※

▶肉ダネ

- 豚ひき肉……120g
- 玉ねぎ（すりおろし）……30g
- ケチャップ……10g
- パン粉……10g
- 卵……1個
- 塩……1g
- こしょう……適量

- 日本酒……15g
- 薄口醤油……15g
- だし昆布……1枚（5g）

▶白いルー

- バター……30g
- 薄力粉……30g

- 塩……1〜2g

※キャベツの茹で汁600gを煮汁に使用します。

▼白いルー
バターと小麦粉を色付けないように炒めた、ソースの元になるもの。白いルーを牛乳でのばすとホワイトソースになる。

説明するなら、それはもう名前の通り［キャベツで肉ダネを巻いて］煮る料理。確かにそうとも言えるけれど、自分で作ってみれば「それだけではない」ことがよくわかる。それでもやっぱり作りたくなるのは、その先においしさがあればこそ。

キャベツの甘味と肉ダネのおいしさを引き立てる、昆布出汁ベースのロールキャベツ。白いルーのとろみとコクが、すべてをやさしく包み込みます。

キャベツの葉をはがして茹でる

鍋に分量の水を入れて沸かしながら、キャベツの葉を使う分だけはがしていきます。芯を上向きに置いて葉の付け根に切り込みを入れ、一番外側にある葉を確認してから、その葉の根元の切り込みにぐっと指で力をかけて、1枚ずつ丁寧にはがします。できるだけ破れないようにはがせると理想的ですが、生の葉は割れやすいのであまり気にしすぎず、「できるだけ」で大丈夫。

作る個数分＋予備に2枚ほどはがして（葉が小さい時はさらに多めに）、茎の方から湯に入れ軽く押し込み全体を浸したら、しんなりするまで2〜3分茹で、ザルに上げて水気を切ります。**キャベツを茹でた湯は煮汁に使うので、捨てずにそのまま**。

一度にたくさん作る場合は、キャベツの芯をくり抜き、丸のまま茹でてからはがす方法がありますが、作る数が少ない時は必要な分だけはがして茹でるのがコンパクトでよい。**多少葉が破れても、包む時に工夫すればそれほど問題はありません**。

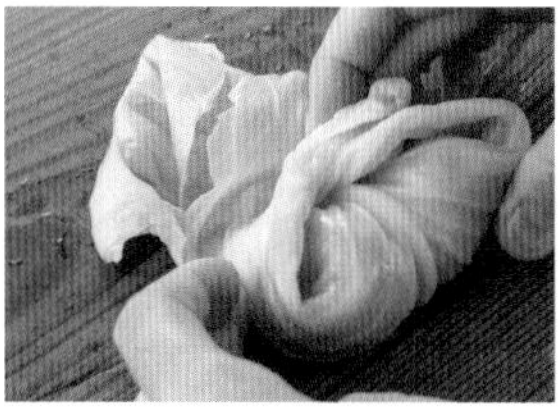

肉ダネを合わせる

ボウルに肉ダネの材料を入れ、軽く弾力が出るまで混ぜ合わせます。**すりおろした玉ねぎには肉自体をふっくら柔らかくする効果があり、煮込んだキャベツと肉ダネの食感が揃いやすくなります。**キャベツの葉の付け根の太い茎は茹でても存在感が強く、包む時にやや邪魔をするので、包丁で厚みを削いで刻み、タネに混ぜてしまってください。

キャベツで包む

茹でたキャベツの葉を、茎を手前にして広げて置き、破れているところは軽く重ねて、穴が空いていれば予備のキャベツで塞ぎ、まずキャベツを整えます。続いて葉の根元あたりに肉ダネの1/4を置き、それを芯にしてくるっと向こうへ一巻き。次に左右の葉を内側に畳み込んでまたくるくると巻き、巻き終わりの端が真下にくるように整えたらロールの完了です。**常にタネとキャベツをしっかり密着させるように意識すると、形がピシッと決まります。**

キャベツの茹で汁で煮る

煮込み用の鍋に、巻き終わりが真下にくるようにロールキャベツを並べ、［キャベツの茹で汁600g（茹で汁が足りない場合は水を足す）・日本酒・薄口醤油］を入れて、上にだし昆布をのせます。煮ている間に動くと、せっかく巻いたキャベツがはがれやすくな

▼煮崩れを防ぐコツ
ロールキャベツは煮る鍋のサイズ選びが特に重要。煮ている最中にロールキャベツが浮いて動くようなら、落とし蓋の上に皿などで重石をするとより安心。

るので、**ロールキャベツがぴったり入るサイズの鍋を使うことがきれいに煮るコツ**。煮汁が上まで回るようにクッキングシートで落とし蓋をして、鍋の蓋を閉め中火にかけます。沸いたら弱火にして、30分ほど煮ていきます。

白いルーを作る

煮込みながら「白いルー」を作ります。フライパンにバターを弱火で溶かし、薄力粉を加えて、**クッキーが焼けるようなよい香りがしてくるまで炒めます**。火を止めて、煮込み鍋から煮汁をおたまで半分くらいずつ取り、加えて都度よくなじませ、流動性が出るまでのばします。

できあがり

キャベツが柔らかく煮えてきたら、のばしたルーを鍋に加えて煮汁に溶かし込みます。味を見て塩で調え、とろみがついて温まれば完成です。少し深さのある皿に多めの煮汁と一緒に盛り付け、スプーンで煮汁ごと食べるのがおいしい。スプーンで切れるほど柔らかいキャベツの甘味とルーのおいしさで、満足感たっぷり。薄口醤油と昆布出汁の香りが、ごはんにも合います。

歩き慣れた街でもまだ通ったことのない道があり、知らない店がたくさんある。それは、料理も同じこと。

南国気分を味わうなら

▼南蛮とは

ねぎや唐辛子を使う料理を呼ぶ料理用語。「南蛮漬け」、蕎麦屋の「鴨南蛮」、牛タン定食に付き物の「南蛮味噌」も仲間と言える。

チキン南蛮

昭和の洋食店のまかないから生まれたと聞く宮崎名物「チキン南蛮」。卵をくぐらせ揚げたふわふわの黄色い衣に春を感じて、暖かな日にふと思い出して作りたくなる。揚げたての鶏肉を甘酸っぱい合わせ酢に浸ける「南蛮漬け」の和な雰囲気が、タルタルソースをかけるとたちまち洋のムードに。身近な食材から日々生みだされる料理人のまかないには、家で作る料理にも生かせるおいしさがたくさんあります。

チキン南蛮の作り方

〈材料〉2〜3人分

- 鶏肉（部位は好みで）…… 2枚（約600g）（皮を取り大きめの一口大に切る）
- 日本酒 …… 15g
- 塩 …… 2g
- こしょう …… 少々
- 薄力粉 …… 適量
- 卵 …… 1個
- 揚げ油 …… 適量

▶**南蛮酢**
- 醤油 …… 40g
- 酢 …… 40〜50g
- みりん …… 20g
- 砂糖 …… 30g
- 塩 …… ひとつまみ
- 七味唐辛子 …… 適量

▶**タルタルソース**（手作りする場合）
- きゅうり …… 1本
- 新玉ねぎ …… ¼個（75g）
- 塩 …… ひとつまみ
- 茹で卵 …… 2個
- マヨネーズ …… 50g
- ケチャップ …… 10g
- 砂糖 …… 2〜3g

- パセリ …… 適宜

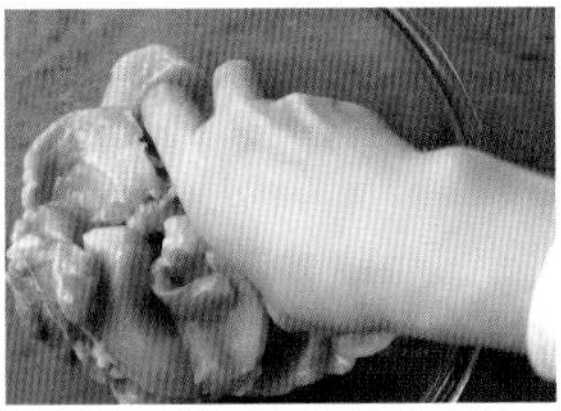

溶き卵をくぐらせて揚げる、「ふんわり柔らかな衣」がポイント。油で揚がった卵の香りと、濃い味の南蛮酢の相性は最高です。春の新玉ねぎを使うタルタルソースは、サラダの代わりにもなる。南蛮酢に浸けただけでも、もちろんおいしく楽しめます。

鶏肉に下味をつける

鶏肉は皮をはがしてから、厚みを削ぐように大ぶりの一口大に切り、「日本酒・塩・こしょう」を軽く揉み込みます。後で濃い味の南蛮酢に浸けるので、ここでの塩は薄めに。鶏の部位はお好みですが、胸ともも1枚ずつ使うと肉質の個性も楽しめます。揚げてから液体に浸けると**皮に水分が戻ってくにくにした食感が少し浮くので、「唐揚げ」とは違ってこの料理では皮をはがして使っています。**皮は塩を振ってカリカリに焼くとつまみ食いに最適で、これは鶏肉を料理する日の私の楽しみの一つ。その料理に対して余分なものは一旦分けて別に生かす方が、それぞれおいしく使い切ることができます。

南蛮酢を合わせる

南蛮酢の材料を鍋に入れ、軽く沸かして多めの砂糖をしっかり溶かし込んでおきます。九州の料理は砂糖を使った甘めの味付けが多く、醤油自体も甘口。南国気分を存分に味わうなら、砂糖は臆することなくしっかり使うのがおすすめ。火を入れることでお酢の角も丸く柔らかくなります。

▼**揚げ物のコツ**
油に入れたらすぐに触らず、熱で衣が固まってくるまで見守ることが大事。下の方に箸先で軽く触れ、乾いた感触があったら裏返す。

鶏肉を揚げ、南蛮酢に漬ける

揚げ油を中火で温め、下味がなじんだ鶏肉に先に薄力粉をまぶして、溶き卵にくぐらせながら油に入れます。**「卵で揚げる」、これこそがふわふわのポイント**。チキン南蛮を初めて食べた時に感激したのが、このふわふわの衣。サクサクの唐揚げがもてはやされる時代にあって、この衣には新しさすら感じます。裏返して両面を揚げたら、しっかり油を切り、熱いうちに素早く南蛮酢にからめます。

できあがり

南蛮酢はしっかり濃いめの割合なので、くぐらせる程度で十分。温かいうちに皿に盛り付けて完成です。そのまま南蛮酢だけで食べても、タルタルソースとパセリを添えても。柔らかい衣が甘酸っぱい南蛮酢を吸い込んで、さらにふんわりしっとり。かなりしっかりとした味付けを卵と油のコクが後押しする、充実感のある味わいです。

タルタルソースを手作りする場合は、「きゅうりと新玉ねぎのみじん切り（塩を振り水気を絞る）・刻んだ茹で卵」を、「マヨネーズ・ケチャップ・砂糖」で和えると、カジュアルでおいしい。辛味の少ない春の新玉ねぎなら、ざくざくサラダ感覚でたっぷり添えて食べられます。

P.34

味噌かんぷら

P.37

ジャーマンポテト

鯖缶とたけのこの味噌汁

茶碗蒸し

甘じょっぱさがおいしい

味噌かんぷら

新！　新！　新！　春の新物ラッシュが過ぎようとしていることにはたと気付いて、慌てて新じゃがを食べた。まずは見慣れたメークインの小さな芋を食べたので、後日見つけた丸い形は男爵だろうと思ったら、そちらはニシユタカだとお店の人が教えてくれた。小さなじゃがいもに甘い味噌をこってりからめる福島の郷土料理「味噌かんぷら」を知ってから、春はこの甘じょっぱさを食べないことには気が済まない。

味噌かんぷらの作り方

〈材料〉2〜3人分

- 新じゃがいも（小ぶりのもの）……500〜600g
- 味噌……70g
- 砂糖……50〜60g
- みりん……15g
- サラダ油……30g

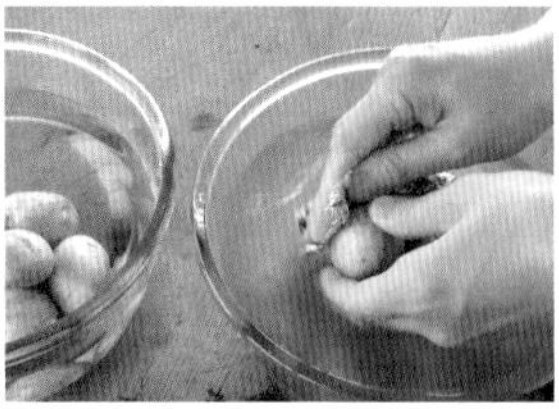

▼新じゃがいも
春〜初夏にかけて収穫し、貯蔵せずに出荷されるじゃがいも。皮が薄く、そのまま料理することもできる。芽や緑化部分があれば取り除く。

「かんぷら」は福島の言葉で、じゃがいものこと。多めの砂糖と油が皮付きのじゃがいもによくからみ、「味噌のこってり感」と「眩《まばゆ》いばかりのツヤ」を生みます。元々おやつとして食べられてきた料理。砂糖も油も、どちらもぜひ思い切って使ってください。

新じゃがを洗う

皮ごと食べられるように、まずはざっと水で流してざっくり泥を落としてから、一つずつきれいに洗っていきます。丸めたアルミホイルで軽くこすって洗うと、とても手軽で衛生的。最後にもう一度水で流して、しっかりきれいに洗い上げます。

新じゃがを蒸す

蓋のできる鍋に、きれいになった新じゃがと、鍋底から1〜2㎝の高さの水を入れ、蓋をして中火にかけます。**たっぷりの湯で茹でるより、少なめの水で蒸す方が、柔らかく風味が淡い新じゃがには向いている。**蓋の隙間から湯気が出てきたら弱火にして、串がすっと刺さるようになるまで15分ほど蒸します。水が完全になくなると焦げてしまうので、時々覗いて水が少なければ足してください。蒸し上がったらザルに上げ、自然に水気を飛ばしておくと、次に多めの油で調理する際にはねず、安心です。

新じゃがを焼く

フライパンに多めのサラダ油を中火で温め、蒸した新じゃがを入れて転がしながら焼い

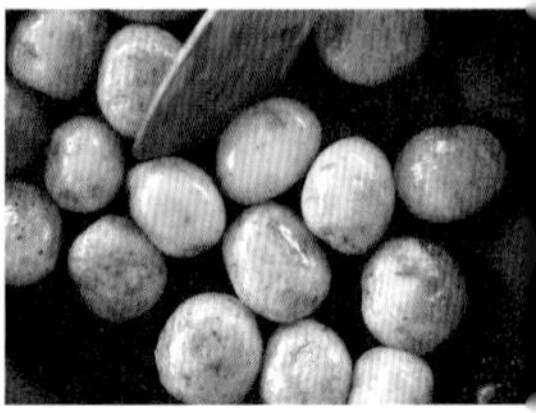
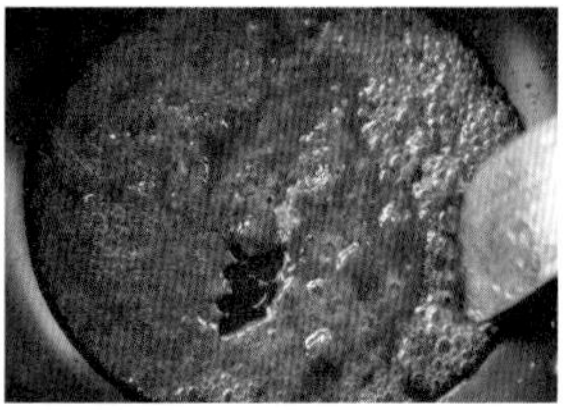

ていきます。すでに余分な水気は飛ばしてあるので、次第に皮がパリッとしてきて、もうこの時点でおいしそう。しかし次に進むために、全体がこんがりしたら油をフライパンに残したまま、新じゃがだけ一度取り出します。

味噌を炒める

同じフライパンに［味噌・砂糖・みりん］を加え、弱めの中火で味噌と砂糖を溶かしながら炒めます。ここで味噌をしっかり炒めることがまさにミソ。**水分を減らして味を濃縮しながら、高温の油で炒めることで新たな香ばしさが加わります。**ブクブクと粗かった泡が段々細かくなり、ツヤが出るまで根気よく炒め続けます。この炒め味噌も、この時点でおいしそう。しかし、ここも堪えて次に進みます。

できあがり

味噌がツヤツヤと輝いてきたら、新じゃがを戻してからめます。水分が減った甘い味噌は焦げやすいので火を弱め、ごろごろごろごろと、まんべんなくじっくりからめていけば透明感のあるピカピカの仕上がりに。できたての熱々も、冷めてからもおいしく、じゃがいもなので食べ応えも十分。お腹はいっぱいなのにどうにも止められない甘じょっぱさが幸せです。

決して自分を裏切らない

ジャーマンポテト

待ち合わせの前に少しの時間ができたら、1杯の冷たいビールで待つのがいい。何かつまもうとメニューを隅々まで繰り返し見るものの、結局頼むのはポテトサラダかフライドポテト。「じゃがいもとビール」、これほど外さない組み合わせは他にない。そして、気温が上がりビールがおいしくなる頃を見計らうように出回る新じゃがを見つけたら、これは料理しない訳にはいかない。

ジャーマンポテトの作り方

〈材料〉2人分

- 新じゃがいも ………… 350～400g（皮をむき一口大に切る）
- ベーコン（ブロック）…………… 100g（1cm角の棒状に切る）
- 玉ねぎ ………………………… ½個（150g）（繊維に沿って6～7mm厚さに切る）
- にんにく ……………… 1かけ（薄切り）
- オリーブオイル ……………… 20g～
- マスタード …………………… 15g～
- 黒こしょう …………………… 適量
- パセリ ………………………… 適宜

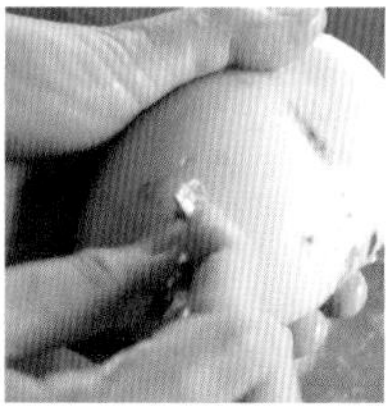

▼新じゃがの皮のむき方
丸めたアルミホイルでこすると、実を削らずに皮だけがつるっとむける。芽と緑化部分は毒素を含むので、しっかり包丁で取り除く。

下ごしらえから仕上がりまで「フライパン一つで完結できる」とても手軽な作り方。あっさりとした口当たりのよさが持ち味の新じゃがは、**少なめの水で蒸すと味が抜けず、しっとり仕上がります**。新じゃがの素朴な味わいを生かすため、他の材料はシンプルに。食材ごとの強みをしっかり引き出し、最大限利用するのがこの料理のポイントです。

新じゃがを蒸す

新じゃがの皮をむき、一口大に切ります。私は泥付きの芋を洗ったり皮をこそげる時は、いつも丸めたアルミホイルを使います。使い捨ては少々もったいないけれど、その分とても衛生的。じゃがいもは加熱してもさほど小さくならないので、**フォークで口に運ぶところをイメージしながら、自分が食べやすい大きさに切ってください**。表面のデンプンをさっと水洗いしてフライパンに少なめの水（100g目安）と一緒に入れ、下味に塩ひとつまみ（分量外）を振って蓋をして、中火で6～7分加熱します。茹でるのではなく、じゃがいもが柔らかくなるまでの間蒸気が保てればよいので、水の量は少なめに。柔らかくなる前に水がなくなりそうなら、途中で少し足してください。

他の具材を準備する

新じゃがを蒸している間に、他の具材を切って準備します。具であり、香りと旨味の出汁としても大事なベーコンは、その両方の役割を満たすブロックのものを1cm角の棒状に切ります。玉ねぎは繊維に沿って6～7mm厚さに切り、にんにくは薄切りに。**どちらも薄**

くしすぎない方が、この素朴なジャーマンポテトによく合います。

新じゃがは箸がすっと抵抗なく入れば蒸し上がり。この後炒めるとさらに火が入るので、ほんのり芯がある程度ならそのまま進めて大丈夫です。フライパンに水気が残っていれば、揺すりながら飛ばします。

ベーコンを焼く

蒸し上がった新じゃがをフライパンの奥に寄せ、手前にスペースを作ります。そこへ「オリーブオイル・にんにく」を入れて、香りを出すように弱火でじわじわと加熱。同じところへベーコンも加えて、できるだけ面でフライパンに接するように並べます。**一面ずつ焼くようにあまりいじらず、おいしい脂と香りを引き出しながらじっくりじっくり焼いていきます。**

新じゃがにもオイルを回しかければ、フライパンに接する部分がまるで揚げたようにカリッと香ばしく。途中にんにくが色付いてきたら、焦げないうちに新じゃがの丘の上に移動させてください。

なんだかせせこましくて面倒な感じもするけれど、**この丁寧なベーコン焼きの工程がもたらす結果は、決して自分を裏切りません。**

玉ねぎを炒める

ベーコンから脂が出ておいしそうな焼き色が付いたら、こちらも新じゃがの丘に移動し

▼ディジョンマスタード
まろやかな香りと酸味が特徴で粒なしの、代表的なペースト状マスタード。サンドイッチ、ソーセージにも重宝する。

て場所を空け、**にんにくとベーコンの香りが移ったおいしいオイルで玉ねぎを炒めます。**水分を早く引き出すための塩をひとつまみ（分量外）振り、こちらもあまりいじらず、時々上下を入れ替えるように混ぜながら火を通していきます。

できあがり

玉ねぎのかさがぐっと減り甘い香りがしてきたら、「マスタード・黒こしょう」を加え、最後に全体を炒め合わせて完成です。ベーコンの旨味と黒こしょうの香りだけでも十分おいしいですが、マスタードがあるともっとおいしい。私は、隠し味としてさりげなくなじんで使いやすいディジョンマスタードを愛用しています。皿に盛って、お好みでパセリを振ってください。

蒸した新じゃがのきめ細かな舌触りと、所々オイルでカリッと焼けた香ばしさは、それだけで興奮するおいしさ。そこにじっくり焼いたベーコンの香りと塩気、玉ねぎのしっとりとした甘さ、さらにマスタードの香味が加わり、見た目の素朴さからは想像できない深みのある味わいに仕上がります。ビールと共にどうぞ。

いつもあるもの、今しかないもの。

鯖缶とたけのこの味噌汁

缶詰はいざという時の助けになるので、常に何種類かを買い置きしている。ただ、ついお得そうな3缶パックを買ってしまい、あれもこれもと欲張ると家が缶詰だらけになってしまうことも。そんなある時「鯖缶とたけのこ」、後は好きな具材を取り合わせればよいという、自由でやたらとおいしい信州の味噌汁を知り、缶詰も私も一気に救われた。

鯖缶とたけのこの味噌汁の作り方

〈材料〉2〜3人分

・鯖水煮缶詰 …… 1缶（缶汁ごとすべて使用）
・たけのこ水煮 …… 100〜200g（7〜8㎜厚さに切る）
・水 …… 500〜700g
・じゃがいも …… 1個（100g）（皮をむいて3㎝角に切り、水に浸ける）
・玉ねぎ …… 1個（300g）（横半分に切って、くし形切り）
・絹ごし豆腐 …… 1丁

・味噌 …… 60g※
・卵 …… 1個〜
・七味唐辛子 …… 適宜

※鯖缶の塩気によって、味噌の量を加減してください。

▼ネマガリタケ
笹のたけのこで、ほんの短い間にほんの限られた量しか出回らない山菜の一種。ヒメタケとも呼ばれる。

山でおいしいたけのこを見つけたら、出汁を引く間も惜しみ、出汁代わりにもなる鯖缶と家にある材料を煮て、信州味噌を溶き入れてパパッと食べる。そんな情景を想像しながら気負わず作れる、出汁がいらない絶品味噌汁。信州の「たけのこ汁」に使うのはネマガリタケという希少な笹のたけのこですが、どこでも手軽に手に入るというものではないので、一般的な「たけのこ水煮」を使って気分を楽しみます。

材料を切り、煮る

鍋に切ったたけのこと水を入れ、中火にかけます。たけのこは、やや硬さのある根元は繊維に対して垂直に、柔らかい穂先の方は繊維に沿って7～8㎜厚さに切ると食べやすく、軽やかな歯ごたえも楽しめます。後で出汁の役割を担う鯖缶が入ってくるので、煮崩れしないたけのこから水で煮始め、続いて玉ねぎ・じゃがいもと切りながら順に鍋に加えていきます。**じゃがいもは表面のデンプン質を除いておくと、崩れにくく汁がさっぱり仕上がるので、**切ったら水に5分ほど浸けて水気を切り、鍋に加えます。それでもグラグラ煮れば、結局は崩れて汁がザラつく。なので、じゃがいもを入れたら具があまり揺れない程度に火を弱めて煮ていきます。静かなやさしい火加減でもちゃんと火は通るので、安心してください。

鯖缶を汁ごと入れる

野菜に透明感が出て火が入ってきた感じがしたら、この料理のカギとなる、**出汁であり**

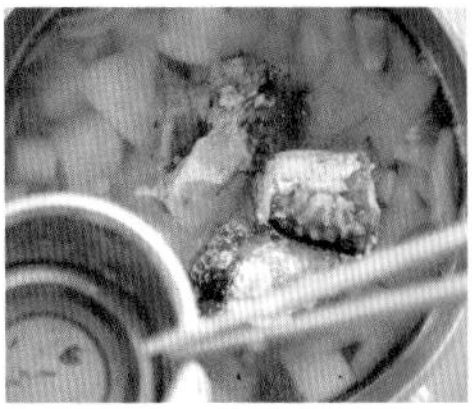

具でもある鯖缶を汁ごと投入します。この缶汁こそが旨味の素になるので、残さず加えます。私は具感を残してごく軽めにほぐしますが、身をほぐすほぐさないはご自由に。豆腐もやや大ぶりに食べやすく切って加え、豆腐が芯まで温まり、じゃがいもが柔らかくなるまでもう少し静かに煮ておきます。鯖のおいしい金色の脂まで取ってしまわないように、アクはそれほど気にしなくて大丈夫。お味噌汁なので。

味噌を溶く

鯖缶の塩気を差し引いて、普段作る味噌汁よりも控えめに味噌を溶き入れます。味噌は食べ慣れたものを使ってください。味噌は地域性が高くておもしろく、とてもおいしい食材なので、興味を惹かれるものは臆することなく買って食べてみます。

できあがり

弱火のまま静かに煮続けて再び汁が沸いたら卵を割り入れ、好みの固さに固まったら盛り付けます。卵は1人一つずつでも、溶き卵を流し入れてかきたまにしても、入れても入れなくてもご自由に。

たけのこの歯触りに、鯖缶と味噌の旨さが重なり合って奥深い。鯖の脂のコクに、ピリッと七味唐辛子をきかせるとよく合います。

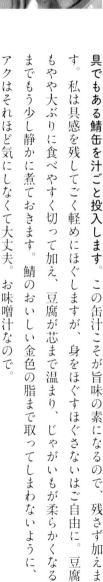

ふるりなめらか

茶碗蒸し

茶碗蒸しはいつどこで食べたらいいのか悩ましい料理で、食べたい時に食べられる場所としてまず思い浮かぶのがお寿司屋さん。しかし、いざお店に行くとそれだけという訳にはいかず、あれもこれもと手を出すうちに、思いの外高くつく。

料理としての茶碗蒸しは、蒸し料理の代表ですが、そのふるりとした柔らかさから日本料理店ではお吸物代わりに出されることもあり、この位置付けもまた悩ましい。

茶碗蒸しの作り方

〈材料〉2人分

- 卵（Mサイズ）……… 1個
- 出汁 ……… 150g
- 塩 ……… 少々
- 薄口醤油※ ……… あれば少々

- 好みの具材（カニカマ・椎茸・三つ葉など）……… 各適量

※薄口醤油は香り付けなので、あればお好みで。

▼鬆（す）が立つ
加熱温度が高すぎることで、卵液中の水分が沸いて空洞ができる現象。食感のざらつきや見た目も損なうので、温度に注意が必要。

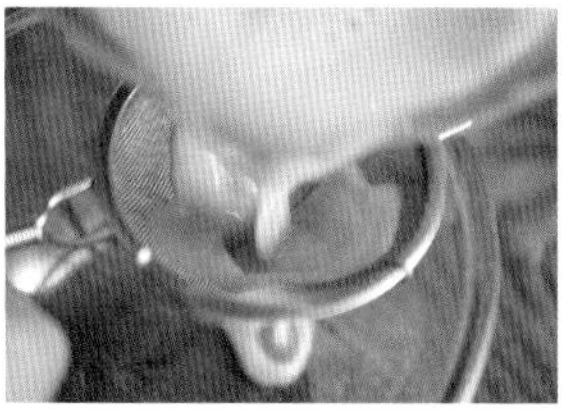

鬆《す》を立てず、なめらかに蒸し上げるのが難しそうに感じる茶碗蒸し。家では湯煎が作りやすく、卵液の割合さえ間違えなければ大抵上手くいきます。先に卵液だけを蒸して、途中で具を足す2段階の加熱方法なら、具材がきれいに見えておもてなしにもぴったりです。

卵液を合わせる

ボウルに［卵・出汁］を入れて、お吸い物のイメージで［塩・好みで薄口醤油］で薄味を付け、よくかき混ぜます。できた卵液をザルや茶漉しで一度濾してから耐熱の器（蕎麦猪口／ココットなど）に入れて、アルミホイルで軽く蓋をします。この時、卵液をすべて入れ切らず、スプーン2杯分程度をボウルに残しておいてください。**卵液は濾すとカラザやほぐしきれていない卵白が除かれて、口当たりが格段によくなります。**あまり目が細かいと液が通りにくいので、ザルでも大丈夫。

茶碗蒸しの卵と出汁の割合は、1対3を目安にすると安定感があります。Mサイズの卵1個は大体50～60gで同じサイズの中でも幅がありますが、卵1個に出汁150g（cc）と覚えておけば、もし卵が小さめでもゆるくならずに、卵の量を毎回計る手間がないので気楽です。

湯煎する

蓋のできる鍋（またはフライパン）に卵液を入れた器を並べ、器の脇から熱湯を器の⅓～半分の高さまで静かに注ぎます。鍋の蓋を少しずらして置いて、弱火でまず8分加熱し

▼茶碗蒸しに舞茸は厳禁
生の舞茸には卵のたんぱく質を分解する酵素が含まれ、加熱しても卵が固まらなくなる。

ます。鍋の蓋をずらすのは、温度が上がりすぎるのを防ぐため。鍋底にキッチンペーパーを敷いてから器を置くと、カタカタと音を立てず静かに蒸すことができます。

具材を足す

8分経ったらアルミホイルをめくり、固まり具合を確認します。くれぐれも火傷に気をつけてください。器を軽く揺らして表面がぷるんとしていたら、好きな具材をのせて、その上から残しておいた卵液をかけます。**ここで卵液を足すことで、後からのせた具材が何事もなかったように茶碗蒸しと一体化。**再度アルミホイルをかぶせて、同じようにさらに7～8分加熱します。

こうして先に蒸した卵液で台を作ってから具材をのせて2段階で加熱すると、具材がきちんと見えるよそ行きの仕上がりに。また具材から水分が出て固まらないという恐れもありません。具材は、足してからの加熱時間が短いので、水分が少なめで火の通りが早いものが向いています。カニカマ（かまぼこ）・薄切りにした椎茸・三つ葉など。エビや鶏肉といったしっかり火を通す必要がある材料の場合は、あらかじめ茹でてから加えましょう。

できあがり

後から足した卵液が固まれば完成です。蒸したてをすぐ食べたいのに、何しろ熱い。しっかり熱を蓄えながら、ふるりとなめらかに仕上がった卵と出汁のおいしさは感慨無量。一度に鍋に入れる数や、器の厚みによって火の入り方は変わるので、時間が経ってもゆるい時は少し加熱時間を延ばすか、火を止めて鍋の蓋を閉めて置いておくと余熱でも結構固まります。

温度に敏感な卵料理は、プロでもかなり気を使うもの。湯煎なら柔らかい熱で、やさしくきちんと固まってくれます。

P.50

皿ワンタン

P.54

天津飯

P.58

納豆とひき肉炒め

P.61

マカロニサラダ

箸を置く暇がない

皿ワンタン

つるりとした喉越しがすなわちおいしさであるワンタンは、「皮」を手に入れさえすれば、その時点でできあがりのおいしさが想像できる。ワンタンを表す［雲呑］の字は、まさに雲を呑むようにすべすべと喉を通り消えていく料理の雰囲気にぴったりで、この2文字が目に入ればもうおいしい。皮のなめらかさを生かすなら、必然的に具はシンプルかつ少なめがよく、呑気《ノンキ》に作れるところも魅力の一つ。

皿ワンタンの作り方

〈材料〉2〜3人分

▶肉ダネ

- 豚ひき肉 …… 150g
- 長ねぎ …… 30g（みじん切り）
- 日本酒 …… 10g
- 醤油 …… 5g
- ごま油 …… 5g
- しょうが（すりおろし） …… 3g
- にんにく（すりおろし） …… 3g

- ワンタンの皮 …… 1袋（30枚）

▶エシャレット油

- エシャレット …… 1束（5本、約100g）
- 塩 …… 2g
- サラダ油 …… 30g

- 白こしょう …… 適宜

▼エシャレット
若採りのらっきょうのこと。白い部分はそのまま生食でき、緑の部分はやや硬いので加熱向き。西洋料理でよく使うエシャロットとは別の野菜。

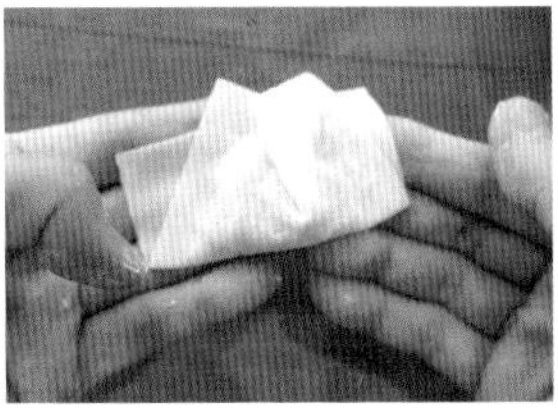

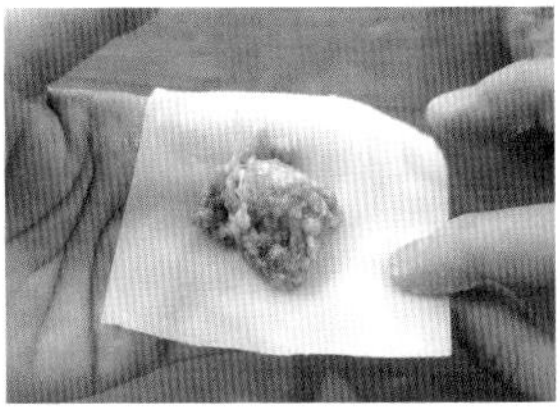

お店で食べるワンタンの多くはスープ仕立てで、7〜8個が汁に浸ってくる。私がよく作るのは、茹でたワンタンをエシャレットたっぷりの香味油で和えて仕上げる「汁なしタイプ」。汁がなくても舌触りが滑らかで、1人10個や15個はつるりと食べられます。

肉ダネを作る

ボウルに肉ダネの材料をすべて入れ、混ぜ合わせます。粘りが出るほどしっかり練る必要はありません。ワンタンは皮が主役。**肉ダネに強い弾力はなくてもよい**ので、調味料とねぎが一様に行き渡ればそれで十分です。

皮で包む

皮1枚あたり小さじ½くらいの量を目安にタネを中央にのせ、皮のふちに水をつけ、端と端を押し付けてくっつけます。**タネは「こんなに少ないの?」と心配になるくらいが適量。**たくさん入れると、皮と肉ダネの茹で上がりのタイミングが合わなくなり、上手く茹でるのが難しくなります。包み方は自由ですが、ひらひらする部分が多いと、茹でた後でワンタン同士がくっついて破れることがあるので、私はヒダを取って、あまりひらひらができないように包んでいます。

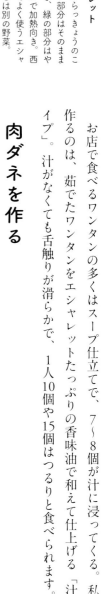

エシャレット油を作る

和え衣になるエシャレット油を作ります。エシャレットは、白い部分と緑の葉で切り分

けて、白い部分は縦に薄切りに。緑の部分はねぎのように小口切りにして同じ耐熱ボウルに入れ、塩を加えます。フライパンにサラダ油を入れて中火にかけ、水のようにサラサラと動くくらいまでしっかり熱したら、エシャレットの上からジュッと一気に回しかけ、軽く和えるとエシャレット油のできあがりです。

高温の油でエシャレットの香りが立ち、熱がほどよく加わることで、茹でたワンタンとのなじみがよくなる。**何より、油をしっかり熱くするのがポイント。**ただし、くれぐれも火傷に注意してください。エシャレットの白い部分は味噌をつけてそのままかじるだけでよいつまみになりますが、葉がついていればこうして一緒に使うと一つの野菜から2つの色が生かせて素敵です。

ワンタンを茹でる

大きめの鍋に湯を沸かして、ごま油（分量外）を少し加えます。油を入れると、ワンタン同士がくっつくのを防ぐことができます。ワンタンが茹で上がればたちまちできあがりなので、その心構えができてから茹で始めてください。

中火で湯がしっかり沸いている状態の鍋に、ワンタンを一つずつ、次々に入れ、火を強めてワンタンが浮くのを待って、そこから1～2分茹でます。ワンタンを入れて湯温が下がった時に、まだ火を強くできる余力を残して茹で始めれば心強い。鍋の大きさにもよりますが、面倒でも10～15個ずつ、2～3回に分けて茹でる方が上手く茹で上がります。**一度にたくさん入れて湯温が急激に下がると、再び沸くまでに時間がかかり、皮が柔らかく**

なりすぎて残念な結果を招きます。

エシャレット油で和える

ワンタンが浮いてから1～2分茹でたら、網杓子などでしっかり湯を切りながらエシャレット油の入ったボウルに入れ、すぐ和えます（エシャレット油も、ワンタンを茹でる回数分に分けながら使ってください）。茹でたてを油を使った和え衣で和えることで、ワンタン同士がくっつきにくく、皮のなめらかさも保たれます。

できあがり

和えたワンタンを皿に平らに盛り、好みでこしょうを振って完成です。私は白こしょうを、表面がうっすら白くなるくらいたっぷり振って食べるのが好み。食欲の湧くエシャレットの香味と油の滑りのよさに、箸もグラスも置く暇がない。

包んだワンタンを一度に全部食べない時は茹でずに冷蔵庫に入れておき、翌日また同じように茹でても、趣向を変えて油で揚げてもパリパリおいしく食べられます。

今日は何味のあんをかけようか

天津飯

天津飯くらい津々浦々で愛され、時に裏切られる料理を私は知らない。それを分けるのはカニの量や具材の種類どうこうではなく、「あんの味がすべて」と言っていいと思う。甘酢味・醤油味・塩味、好まれる味付けは地域によっても様々で、そんな様々なおいしさがある料理こそ、自分の好きなように作る甲斐がある。卵焼きとごはんで一定以上のおいしさが約束された安心感に、さて今日は何味のあんをかけようか。

天津飯の作り方

〈材料〉1人分

▶カニ入り卵焼き
- 卵……2個
- カニ缶詰……50g（身と汁で合わせて）
- 水……50g
- 鶏がらスープの素……3g
- 水溶き片栗粉(1)……15g※
- 塩……少々

- サラダ油……15g〜

▶あん
- 醤油……10g
- みりん……20g
- 酢……15g
- 紹興酒（または日本酒）……15g
- 鶏がらスープの素……3g
- 塩……少々
- 水……100g
- 水溶き片栗粉(2)……15g※
- しょうが（すりおろし）……5g
- ごま油……適量

- 温かいごはん……180〜200g

※水溶き片栗粉(1)(2)は、［片栗粉10g＋水20g］で溶いたものを、卵液・あんで半分ずつ使います。

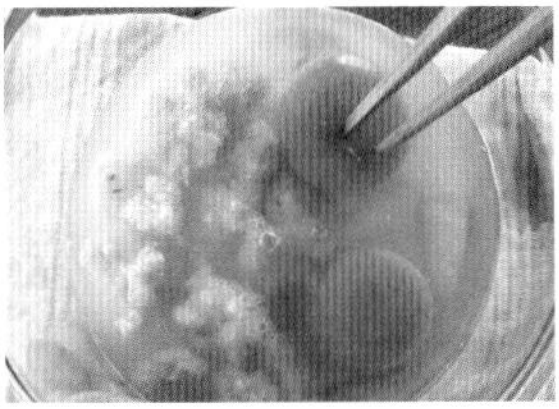

▼卵液に水溶き片栗粉を加えると
水分をほどよくまとめて卵焼きが扱いやすくなり、焼き上がりもしっとり仕上がる。

卵料理は加熱時間が短く、さっと作れてすぐおいしいのが魅力。だからこそ、作り始めたら一気に仕上げて、**熱々のうちに食べるための前準備が重要**です。家中華は一見材料の数が多く難しいイメージが先に立ちますが、よく見ると手近な物がほとんど。できる準備をしっかりして臨めば、何も心配いりません。

あんの調味料を合わせる

あんの調味料［醤油・みりん・酢・紹興酒・鶏がらスープの素・塩］を合わせて準備します。あんの材料のうち、**［しょうが・ごま油］**は、できるだけ加熱時間を短くして香りを生かしたいので直前に、とろみを付ける**水溶き片栗粉**も加熱するタイミングで加える方が上手くいくので、**この3つを除いて準備しておくと後がスムーズです**。

水は調味料と一緒に合わせておいてもよいですが、液体の量が増えるとその分大きい容器が必要になるので、私はいつも小さく、調味料だけを先に合わせています。紹興酒を使うと一気に中華風の雰囲気が出て、好みのあんに仕上がる（紹興酒は料理に使って、残りはいつも飲んでしまう）。とは言いながら、実は日本生まれの天津飯には、日本酒に代えてもよく合います。

卵液を合わせる

ボウルにカニ入り卵焼きの材料を入れて、よくかき混ぜます。卵2個に対して［カニ缶＋スープ（水＋鶏がらスープの素）］で約１００g加えると、「柔らかさ」と「扱いやすさ」

▼水溶き片栗粉は一度火を止めて加える

火を止めて水溶き片栗粉を加えると、状態の変化が緩やかになり、落ち着いてとろみが付けられる。水溶き片栗粉は加える前によく混ぜる。

がほどよいバランスに。**加える液体を増やすほど卵焼きは柔らかくなりますが、その分扱いが難しくなる。**逆に水分を減らすと扱いがやさしくなり、「卵が高温で焼ける香ばしさ」というまた違ったおいしさも生まれます。この辺りは「好みと意気込み」によって加減してください。

卵を焼く

卵液を焼き始めたら、もうそこからは仕上げまで一気なので、まずは心の準備。それができたらフライパンにサラダ油を入れて中火にかけ、油が水のようにさらさらと動くくらいまでよく熱してから、卵液を今一度しっかりかき混ぜて一息に加えます。周りから固まってくるので、固まった部分を中へ中へと集めるように、ざっくり混ぜながら焼いていきます。流動性がなくなり、表面が半熟状に固まったら火を止めて、器にごはんを盛り、その上に卵焼きをフライパンからするりと滑らせてのせます。

あんを作る

同じフライパンにあんの分量の水を入れて中火にかけ、合わせておいた［あんの調味料］を加えます。**沸いたら一度火を止めて、水溶き片栗粉を加え**よくなじませ、再び火をつけとろみが付くまで混ぜ続けます。片栗粉に火が通り透明感が出てきたところへ、香りの［しょうが・ごま油］を加えたら、たちまち［あん］のできあがり。先に調味料さえ合わせておけば、いかにも中華料理を手早く作っている、そんな気分を満喫できます。

 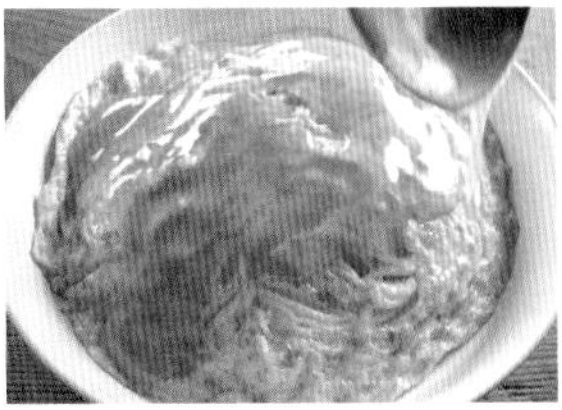

できあがり

卵焼きの上から熱々のあんをかけて完成です。仕上げに青ねぎや缶詰に残っているカニ、そのカニよりもカニらしく見えてしまうカニカマを添えても楽しくなります。

私は甘味の少ないすっきり味のあんを、やや多めにかけるのが今のお気に入り。このレシピを下敷きに、もっと甘味が欲しい時は砂糖やケチャップを足したり、酢を引いたり、醤油の代わりに塩で決めたり、オイスターソースを加えてみたり。味見しながら自分好みのあんを見つけてください。

一気に主役に躍り出る！

納豆とひき肉炒め

納豆好きの私でも、納豆がいかに風変わりな食べ物であるかくらいは理解している。そのまま食べるのはもちろん、私は納豆を加熱して料理することも多く、するとあの粘りが影を潜めてその点ではかなり食べやすくなる。ひき肉とパラリと炒め合わせた納豆をパリッと歯切れのよいレタスにのせてモリモリ食べると、いかにも体を気遣うようで清々しい気持ちになり、ついついお酒が進んでしまうのはどうしたものか。

納豆とひき肉炒めの作り方

〈材料〉2人分

- 納豆……2パック
- 醤油……4g

- 豚ひき肉……150g
- にんにく……1かけ（みじん切り）
- 鷹の爪（輪切り）……ひとつまみ
- ピーマン……2個（8㎜角切り）
- 長ねぎ……½本（50g）
（十字に切り込みを入れてから8㎜幅に切る）

- 紹興酒（または日本酒）……15g
- オイスターソース……15g
- 黒こしょう……多めに

- サラダ油……10g
- ごま油……5g

- レタス……½個（葉を2〜3つにちぎる）

納豆最大の特徴である粘りをあえて抑えることで、食材としての旨さが引き立ち、ごはんの供から料理の主役へ一気に躍り出ます。レタスにのせるとパラリとした炒め物が食べやすく軽やかで、野菜も一緒にたっぷりと食べられます。

納豆に醤油をかけて置く

納豆の粘り成分は、水に溶けて塩分によって切れやすくなる性質があり、その両方を併せ持つ醤油をかけて置いておくと、粘りを早く切ることができます。納豆の上から醤油をかけて、混ぜずに置いておくだけ。反対に糖分は粘りを強くするので、甘味が入ったタレはこの料理に使わない方が早くパラッと仕上がります。

レタスを準備する

レタスは水に浸けてシャキッとさせ、葉を2～3つに割いて水気をよく切っておきます。納豆らしからぬパラパラとした炒め物になるので、葉っぱにのせると食べやすく、また爽やか。食べる時にちぎればよいので、大きめに準備。サラダ菜・サンチュ・サニーレタス・えごまの葉など、その時々で好きな葉もの野菜をたっぷり用意してください。

炒める

後は、ざっざっざっと炒めるばかり。ひき肉に火が通れば、後はそのままでも食べられるものだけなので、ざっざっざっでできあがります。

▼**納豆は旨味が強い**
納豆は、代表的な旨味成分のグルタミン酸を豊富に含む食品。納豆自体を旨味の調味料と捉えて、最小限の味付けにする方が、おいしさが引き立つ。

フライパンにサラダ油を入れて中火で温め、[にんにく・鷹の爪]を炒め、軽く色付いたらひき肉を加えてほぐします。肉の色が変わってきたら紹興酒を加えて炒り付け、水気が飛んだら、[ピーマン・オイスターソース・黒こしょう]を加えます。ざっと混ぜたら全体を片側に寄せてスペースを作り、そこへ醤油をかけておいた納豆を混ぜずに入れます。**フライパンの肌に直に納豆を触れさせて熱するイメージ**で、一呼吸置いて炒め合わせます。

はじめは多少の粘りを感じるものの、段々軽くなってくる。納豆がすっかり糸を引かなくなるまで炒めたら、長ねぎを加えてざっと混ぜ、火を止めて香り付けのごま油を回し入れます。仕上げの長ねぎは、ピーマンと同じくらいにやや大きめにザクザク刻むと、茶色い料理に色と食感のアクセントが加わり、楽しくなります。

できあがり

ざっと皿に盛り付け、パラパラのところをレタスにのせながら食べます。ビールのつまみはもちろん、ごはんにのせてもまたおいしい。紹興酒は熱を加えると独特の甘さと香ばしさが立ち、肉もしっとり。一気に込み入った風味が加えられるので、中華風の料理をよく作る方にはぜひ1本持っておくことをおすすめします。

春のならわし

マカロニサラダ

私が初めて出会ったショートパスタが「つるつるのマカロニ」であったことは間違いない。居酒屋に入ればお品書きにその名を探し、定食の小鉢に昔ながらのまっすぐなマカロニのサラダがついてくれば密かに喜ぶ。家でマカロニサラダを作りたくなるのは、具に欠かせないきゅうりが、生き生きとおいしくなってくる春から初夏に向かう頃。一度にたっぷり作り、むしゃむしゃ思う存分食べるのが、春のならわし。

マカロニサラダの作り方

〈材料〉2〜3人分

- マカロニ …… 100g（形は好みのものを）
- 塩（茹で用）…… 10g
- オリーブオイル（またはサラダ油）…… 15g

- きゅうり …… 1本（薄めの輪切り）
- にんじん …… 30g（3cm長さの千切り）
- 塩 …… ひとつまみ
- ベーコン（薄切り）…… 3枚（50g）（7mm幅に切る）

▶和え衣

- マヨネーズ …… 75g
- マスタード …… 10g
- 砂糖 …… 1〜2g
- こしょう …… 適量

マカロニと聞くと、私の頭には真っ先につるつるでまっすぐのものが浮かぶけれど、元はパスタ全般を指すイタリア語からきているそう。フレッシュ感が大切な野菜サラダに対して、同じサラダを名乗りつつ、パスタとマヨネーズがメインのマカロニサラダは、和えてから少し置いて味がなじむとよりおいしくなります。

マカロニを茹でる

鍋に1ℓの湯を沸かして塩（湯に対して1％の塩）を加え、マカロニを入れてかき混ぜ、**パッケージの表示時間よりも2分長く茹でます**。パスタは冷えると固くなるので、それを見越して柔らかく茹でておくのがおいしさのコツ。ザルで湯をよく切り、温かいうちにオリーブオイルかサラダ油をからめて冷まします。茹で上がりにオイルをからめるのは、表面の乾燥を防いで和え衣を無闇に吸い込まないようにするため。

熱いうちに1〜2度混ぜ返して湯気を飛ばし、粗熱が取れたら表面にラップを貼り付けて乾燥しないようにさらに気遣い、冷ましておきます。**こうした料理の気遣いはお肌のお手入れと同じように、食べる自分に後から返ってくるものです。**

具材を準備する

きゅうりを薄めの輪切りに、にんじんは千切りにして一緒にボウルに入れ、塩ひとつまみを振ってしんなりするまで10分ほど置きます。フライパンに細切りにしたベーコンとオリーブオイルかサラダ油少々（分量外）を入れて弱火にかけ、ベーコンの脂を引き出すよ

▼加工されたフライパンでも油は必要

油には、加熱を助け、食材の乾燥を防ぐ働きがあり、焦げ付かない加工がされたフライパンでも、少量の油を使う方がきれいに炒められる。

うに時々混ぜながらじわじわ加熱。焼き色が付いてカリッとしてきたら、キッチンペーパーに取り出して脂を切って冷まします。焦がさず、かつ香ばしく。私のマカロニサラダは、必ず炒めベーコンで。具でもあるけれど、**旨味と香りの調味料的な役割が大きく、圧倒的なおいしさが加わります。**重要なのは炒めることで得られる風味なので、炒めハムでも◎。

和え衣を合わせる

ボウルに和え衣の調味料と冷ましたベーコンを入れ、きゅうりとにんじんはキッチンペーパーで水気を絞ってから加えよく混ぜます。たっぷりのマヨネーズを使う料理は、やはりたっぷりとマヨネーズが使われている味がする。そこに**マスタードを加えると、穏やかな香辛料の香りと酸味がマヨネーズ特有の卵と油のクセを和らげ、マヨネーズ和えとは違うサラダの味へと変わる。**私のお気に入りは、見た目に影響せず隠し味に徹してくれる粒なしタイプのマスタード。粒入りなら見た目と舌触りに変化が加わり、それもまた楽しい。

できあがり

ボウルにマカロニを加えてよく和え、具がムラなく行き渡れば完成。和えて少し経つとマヨネーズがマカロニに吸い込まれて消えてしまったようにも見えますが、**味も油分も十分そこにあるので、慌てて足しすぎないようにご注意を。**先にからめたオイルの効果で、パサついてくっつくこともありません。和えたてよりも、冷蔵庫で30分〜数時間置く方がベーコンの塩気や野菜の水気がほどよく回ってしっとりし、よりおいしく食べられます。

雑記

「おいしいか？」

日本料理では、レシピのことを「割《わり》」と呼ぶ。使う単位は1合（180cc）や、その10分の1の勺《せき》など、計ると言ってもかなりざっくりとしたもので、私が修業していた料亭で使っていたのは、1合と5勺の2種類のおたまといわゆる普通のティースプーン、そして、米を計るための「ガラス製のジョッキ」。このジョッキは何ccなのか？その当時は考えたこともなかったけれど、それが当然のように、ごはんはいつも失敗なく炊けていた（考えてみると、おたまが本当に1合だったのかも疑わしい）。いくつかの料理で味付けを任せてもらえるようになると、おたまで何杯、ジョッキで何回と計るものはよいとして、塩と砂糖だけは「適量」か「少々」、缶にささるティースプーンで「山盛り何杯」とか「軽く1杯」と教わり、いつもそこでつまずいた。恐る恐る親方に味見用の小皿を差し出すと「教えた通りにやったか」でも「何杯入れたか」でもなく、ただ一言。

「おいしいか？」

私が「砂糖は確かに5杯入れました」と答えると、「そうじゃねえよ。お前が味見しておいしいかって聞いてんだ」。

毎日同じように取る出汁も、自分がおいしいと感じる味は微妙に違う。では、何のために計るのか？ その理由の一つが「料理のスピード感を上げる」ため。前と同じ量の出汁と醤油を入れたら「この前はこんな感じだったな」というところまでは、あっという間に辿り着ける。そして、何で計ったとしても、最後は必ず自分に「おいしい？」と聞くことこそが大切。正しさとおいしさは、必ずしも等式ではない。

二章

【なつ】

夏

水・食欲・活力。
暑さで失われるものを
補うのが、夏の料理。
果菜や豆腐で水を食べ、
辛味で食指を動かし、
薬味で英気を養う。

P.68

生ニラ玉

P.72

ナスのたたき

P.75

ピザトースト

P.79

ラタトゥイユ

大丈夫、それが夏！

生ニラ玉

にんにく、ねぎ、ニラ、エシャレット。とにかくにおいの強い野菜が大好物。飲食店のレシピ開発の仕事では、ランチメニューに「におう料理」は配慮がいる。それが、夏が来た途端、あまりの暑さにお昼もくさいも何もかもが吹っ飛んで、突如あのにおう野菜たちがスタミナ食材として解禁になるからおもしろい。恐れず食べればきっと元気が湧いてくる。大丈夫、それが夏！

生ニラ玉の作り方

〈材料〉1〜2人分

・ニラ……1束（3cm長さに切る）
・塩……適量

▶卵黄の醤油漬け
・卵黄……1〜2個分
・醤油……3〜5g

・オイスターソース……15g
・出汁……10g
・ごま油……5g
・炒りごま……適量

▼**卵黄の醤油漬け**
ごはんはもちろん、冷奴や刻んだオクラなどと合わせても気がきいた感じがする優れもの。残る卵白は、味噌汁、チャーハン、卵焼きなどへ。

夏の料理は「水分」もおいしさのうち。水の使い方、捉え方一つで、ニラと卵のたった2つの食材で作る潔い料理が、よりおいしくなります。緑黄色野菜のニラは、手軽にたっぷり食べられ、火のそばに長く立ちたくない真夏の台所向きの、素敵なスタミナ野菜です。

卵黄の醤油漬けを作る

小さな容器に醤油を少し入れて、そこに卵黄、その上からさらに醤油を少量垂らし、ラップをして冷蔵庫で置きます。少なめの醤油で卵黄を挟むイメージ。ニラは茹でるので、その水気を考えて卵を軽く醤油漬けにしておくと、水分が抜けてねっとりし、茹でニラとのからみがとてもよくなります。

醤油の量は卵黄が完全に浸るほどではしょっぱくなるので、ほんのり醤油の色が回るくらいで十分。そのうち、卵から出てきた水分で行き渡ります。

1時間も経つとこってり感が出てくるので、真っ先に醤油漬けから始めれば、置く時間はそれほど気にしなくても大丈夫です。長く時間を置くとより水気が抜けて身が締まるけれど、ニラとからまないようでは仕方がない。ほどよい濃度が大事。

ニラを茹でる

ニラを3cm長さに切り、塩少々を加えた湯に根元から順に入れて茹でます。

柔らかそうに見えてもニラは繊維が意外に強く、**短めに切って「少し柔らかいかな」と思うくらいしっかり茹でる**方が、この料理では食べやすく甘さも出てきます。ニラの緑は

そう簡単には色褪せないので心配いりません。つまんで食べてみて柔らかくなっていればザルに上げ、できるだけ平らに広げて軽く塩を振っておくと、後で水っぽさが気にならなくなります。

私は、よほどアクが強いなどの理由がない限り、茹で野菜を水にさらしたり、水気を絞るということはほとんどしません。茹でたニラは、湯気がこもらないようにまだ熱いうちに一度上下を混ぜ返し、後は余分な水気が湯気で飛んでいくのに任せておくだけ。**絞ると水は当然減るけれど、上手くやらないと野菜自体のおいしい水まで出ていってしまい、筋っぽさが目立つようになる。**自然に湯気を飛ばして、気になる時は最後にキッチンペーパーで表面を軽く押さえるくらいで十分（水分が多そうなもやしも同じように茹でて湯切りすると、しっとりふっくら仕上がります）。

ニラを和える

ボウルに「オイスターソース・出汁・ごま油・炒りごま」を合わせ、よく水気が切れたニラを和えます。

出汁はおいしい水気と香り。**夏の料理は、やや水分が多いと感じるくらいが、つるりとして食べやすい。**

できあがり

和えたニラを皿に盛り付け、卵黄の醤油漬けをのせて完成です。一口ごとに卵をからめ

ながら食べ進めます。これが何もしていない卵黄だと、箸で割った途端にたちまち溶けていなくなってしまう。しっかり存在し続ける黄身に、醤油漬けにしておいた自分を褒めてあげたくなる瞬間です。

ちょっと手を加えて、もう一品

おつまみにはもちろん、熱いごはんにのせて生ニラ玉丼にしてもおいしく、冷たいそうめんと食べるのもつるりと夏らしい。そうめんの分、たれを少し増やすか、柚子こしょう・豆板醤など、塩気のある辛味を添えて味を補っても食欲が湧きます。

暑い時期にもつるりと食べられる。

生ニラ玉そうめんの材料

〈材料〉1人分

- そうめん……2束(100g)
  (袋の表示通りに茹でて水洗いする)
- 生ニラ玉……1人分
- 柚子こしょう、豆板醤……各適宜

夏はたっぷりがちょうどよい

ナスのたたき

夏の暑さには閉口するけれど、その分ビールと夏の野菜が一際おいしく感じられるおかげか、毎年思いの外健やかに過ごせている。

トマトやきゅうりといった、見るからにジューシーな夏野菜に比べると、「ナス」だけはスポンジのようで何ともいえない質感。ところが火が入った途端、まるで水のようにとろりとしてくるのがおもしろく、また大いにおいしい。

ナスのたたきの作り方

〈材料〉2人分

・ナス……2〜3本（2cm厚さの半月切り）
・アジの開き……1尾
・好みの薬味類（大葉・みょうが・にんにく・しょうが・玉ねぎ・青ねぎ・かいわれ大根など）……多めに
・揚げ油……適量
・塩……少々
・ポン酢……適量

高知で生まれた絶品ナス料理、カツオではなく「ナスのたたき」。しょうが・みょうが・ゆず（ポン酢）、南国土佐の恵みをふんだんに盛り込んだ、明日も明後日も食べたくなるほど爽やかで夏向きのおいしい料理です。何でもたたきにしてしまうという高知。その自由な気風を見習って、ぜひ大らかな気持ちで気楽に試してみてください。

魚を焼く

フライパンにアジの開きを入れ、蓋をして火が通るまで焼きます。ナスと一緒に口に入ってくるところを想像してみると、魚もしっとりふんわりがおいしそう。焼くというより「蒸す」イメージで、油を使わずふっくら火を通します。触れるくらいまで冷めてから、骨やぜいご（硬い鱗）などを除きつつ、ナスと一緒に食べやすいように身をほぐしておきます。**ここをしっかり丁寧にしておくと、後で気持ちよく食べられる。**

魚は他の干物や焼き魚、また、ツナ缶・しらすなど、手に入るもの、好きなものを何でも大らかに。

薬味を刻む

薬味になる野菜を、種類も量も好き好きで刻んでおきます。メインのナスも野菜ですが、目指しているのはそのたたき。大葉（千切り）・みょうが（輪切り、千切り）・にんにく（薄切り、おろし）・しょうが（千切り、おろし）・玉ねぎ（薄切り）・青ねぎ（小口切り）・かいわれ大根など。

▼素揚げ野菜に軽く塩を振る
下ごしらえで素揚げした野菜は、熱いうちにごく軽く塩を振っておくと、無味感が和らぎ、料理の仕上がりに一体感が出る。

青ねぎ以外のものは、水にさらすと風味も食感もすっきりして、たくさん使ってもくどさがなく食べやすくなります。水気をしっかり切り、必要に応じてキッチンペーパーで軽く絞って、量はたっぷりをおすすめします。ただし、生のにんにくは刺激が強く、空腹時や、一度にたくさん食べすぎると胃を荒らすこともあるので、注意が必要です。

ナスを揚げる

揚げ油を中火で温め、やや大ぶりに切ったナスを素揚げします。油の量は、ナスがやっと浸るくらいの少なめで十分。**ナスは火が入るとかなり小さくなるため、仕上がりのイメージより大きめに切るのがポイント**。切って時間を置くとアクによる変色が気になるので、揚げる直前に切り、すぐ揚げてしまえば大丈夫です。箸で触って柔らかさを感じたら油をよく切って引き上げ、そこにごく軽く塩を振っておきます。ナスはかなり油を吸う感じがしますが、**油のコクもこの料理のおいしさの一部**です。

できあがり

[揚げたナス・ほぐした焼き魚・薬味]を好きなように盛り付けて、ポン酢をかければ完成です。ほぼ薬味で覆われているくらいがちょうどよい。ポン酢も、酸味と塩気がまろやかなものをたっぷりめにかけるとちょうどよい。

ナスは、そのほとんどが水分。それは自然に任せて、夏に必要な水分をたっぷり摂れるようにかなと。夏はたっぷりがちょうどよい。

割り切りが大切

ピザトースト

周期的に食べたくなる料理がいくつかある。どれも子どもの頃から知っているものばかり、カレーにトンカツ、焼き餃子、そしてピザトースト。

ピザトーストの魅力は、なんといっても土台が「食パン」なこと。だから家で気軽に作ろうという気になり、またピザらしさに捕われると、却ってピザからもピザトーストからも遠ざかる。「本家に寄せすぎない」のが一番のコツ。

ピザトーストの作り方

〈材料〉1人分

- 食パン（5枚切り）……………………… 1枚
- ミニトマト …… 2個（5㎜厚さに切る）
- 玉ねぎ ……………………… 10g（縦に薄切り）
- ピーマン ……………………… 5g（縦に細切り）
- シュレッドチーズ ……………… 80g〜
- サラミ（薄切り）……………………… 4〜8枚
- オリーブオイル ……………………… 少々

▶ピザソース

（作りやすい分量／食パン2枚分目安）

- オリーブオイル ……………………… 15g
- ケチャップ ……………………… 60g
- 酢 ……………………… 20g
- にんにく（すりおろし）……… 3〜4g
- タバスコ® ……………………… 適宜

- パセリ ……………………… 適宜

▼ソースの仕上がりの目安
ヘラで引いた線がしばらく残るくらいの濃度が目安。ソース類の仕上がりを見る時によく使う表現。

作るのはあくまでピザではなく「ピザトースト」という割り切りが大切。土台になる食パンは「山型の5枚切り」が私のお気に入りで、これが4枚・6枚になったり、さらに同じ厚みでも四角い角食になるとまた印象が変わる。食パンは、特に好みが決まっている場合も多いと思うのですが、普段食べているものから変えて試してみるのも、またおもしろみがあります。

ピザソースを作る

ピザにはトマトソース、ピザトーストにはトマト味のソースが合う。フライパンに「オリーブオイル・ケチャップ」を入れ、弱めの中火で炒めます。**ここでケチャップを炒めることがポイントで、加熱によって味が凝縮され、香ばしさと深みが加わります。**温まってくると水気がはねるので注意。

ケチャップとオイルがなじんだら、「酢・にんにく・お好みでタバスコ」を加えて炒め続けます。酢は、ケチャップの甘さに元々トマトにあった酸味を蘇らせるイメージ。タバスコがあれば数滴入れると、辛味と酸味で後味がキリッと引き締まります。昔から大好きなタバスコは、こうして隠し味として料理にもよく使います。

茶色味を帯びて深みが感じられる色合いに変化し、濃度が付いてきたらソースの完成。ピザソースは市販品もありますが、家にあるものでも結構よい線まで行けるので、使う頻度やその時の心持ちで使い分けるとよいと思います。

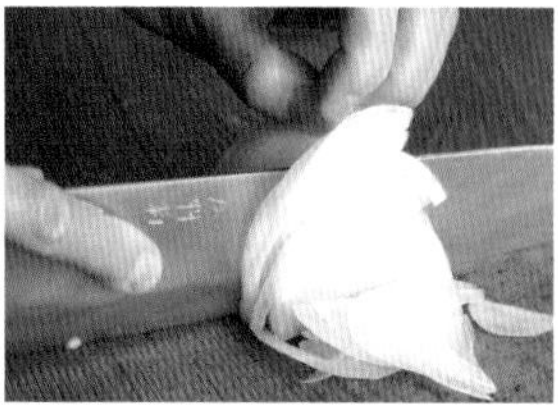

野菜を切る

玉ねぎとピーマン、この2つはなぜだかピザトーストには絶対のっていてほしいと思う。トーストだから焼き時間が短めで、温度もそれほど高くできないので、それぞれ薄め細めを意識して切っておきます。ミニトマトも薄切りに。量は「これだけ？」と思うくらいが適量。どれも主張がある野菜のため、決して入れすぎないのもまたポイントです。

パンに具材をのせる

ソースと具材が揃ったら、後はパンにのせて焼くばかり。そして、この具材を重ねる順番もかなり重要。**簡単そうな料理ほど、ほんのわずかなことで仕上がりが大きく変わり、そこが料理の怖さであり、おもしろさでもあります。**繰り返し作って私が行き着いたベストの順番は、次の通り。

◁パンにピザソースを塗り、切る

食パンにピザソースを半量、薄く端までまんべんなく塗ります。思わずたっぷり塗りたくなるところですが、ケチャップベースで味が強いので、やっと全面に行き渡る程度の、パンが透けているくらいの少なめが適量。続いて、具をのせる前にパンを切ります。焼いた後は溶けたチーズが包丁にくっついて切りにくく崩れやすくなるので、先にパンを切っておくとスムーズ。私はいつも横に4等分に。

▼野菜にオイルをかけるのは
薄切りの野菜を素のまま焼くと、真っ先に乾燥してたちまち焦げてしまう。油分でコーティングしておくと、焦げずにきれいに焼き上がる。

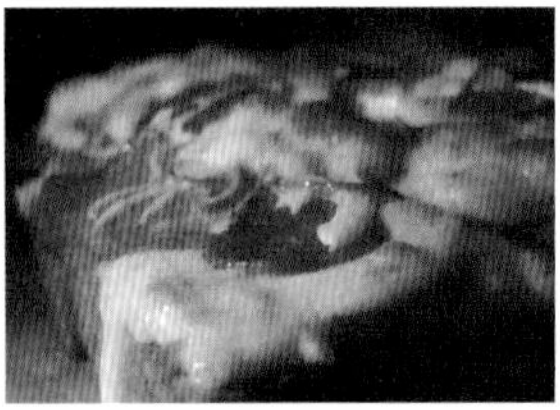

◁ミニトマト・シュレッドチーズ・サラミをのせる

切ったパンをトースターのトレイや天板にのせてから、パンの切れ目を意識しながら具材を順にのせていきます。ソースのすぐ上にミニトマトを並べ、上からシュレッドチーズを平らに広げて全体を覆い、その上にサラミをのせます。大きめのミラノサラミや、辛味のあるチョリソーなどが手に入れば本格的。代わりにベーコンや、ソーセージを薄切りにしてのせても。

◁玉ねぎ・ピーマンをのせ、オリーブオイルをかける

サラミの上に［玉ねぎ・ピーマン］を散らし、野菜にオリーブオイルを少量回しかけます。少しだけシュレッドチーズを追加でのせたら、これで準備完了です。

できあがり

オーブンまたはトースターで7〜8分ほど焼き、チーズが溶ければ完成です。表面のこんがり具合ばかりに気を取られて、パンを黒く焦がさないようくれぐれも気をつけてください。切れているのでそのまますっと皿に盛り付け、パセリを散らすと、ぐっと華やぐ。

表面はカリッと香ばしく、とろけたチーズは素晴らしい伸び。チーズの下で熱くなったミニトマトがソースと一体となって、ものすごくジューシーなトマトソースを食べているような感覚に。トーストだけでは野菜が足りないと思ったら、そこに欲張ってあれこれのせるより、別に添えるか次の食事で補う方が、きっとそれぞれおいしく楽しめます。

どこまでも赤い

ラタトゥイユ

かつて働いていたデリのキッチンでは、いくつものトマトを使い分けていた。生は料理によって大きさ・切り方・色を変え、マリネにはピューレ、ソースには缶詰、煮込みのコク出しにはペーストと、一年を通じて取り取りのトマトがあちらこちらに潜んでいても、どれも同じようなトマトの味になったりはしなかった。私が家でよく使うトマト缶は、長く加熱してもどこまでも赤い、イタリア産トマトのものが気に入っている。

ラタトゥイユの作り方

〈材料〉2〜3人分

- ナス……2〜3本（1.5cm厚さの半月切り）
- ズッキーニ……1本（1.5cm厚さの半月切り）
- パプリカ（黄）……1個（3cmの角切り）
- 玉ねぎ……½個（150g）（横半分に切ってから、⅛のくし形切り）

▶トマトソース

- にんにく……1かけ（みじん切り）
- オリーブオイル……10g
- ホールトマト缶詰……1缶（400g）
- 塩……少々

- 揚げ油……適量
- 塩……適量

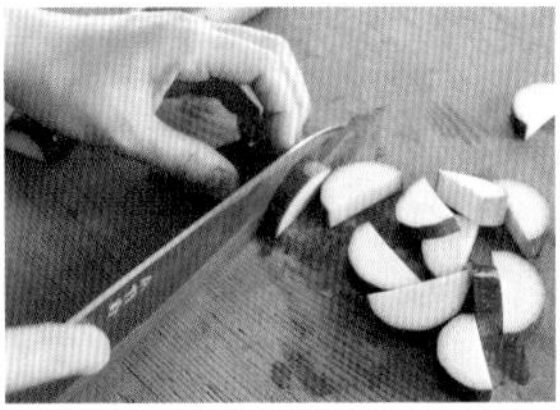

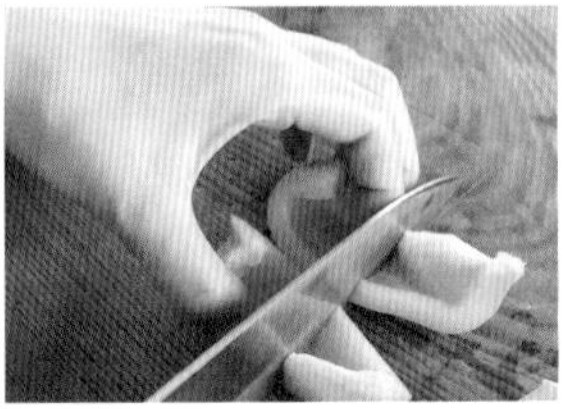

手順は大きく分けて、⑴野菜の色を鮮やかに生かす「素揚げ」と、⑵トマトソースでの「短い煮込み」の2段階。素揚げは、短時間の加熱でおいしい水気を保ちながら、油のコクが加わる、夏野菜にぴったりの調理法です。

野菜を切る

野菜をどう切るべきか、それが問題だ。言ってみれば決まりはなく、食べやすければそれが一番。私の切り方は、まず形が似ているナスとズッキーニを同じように1.5cm厚さの半月切りに。**ナスは加熱するとしぼむので、ズッキーニよりも気持ち大きめに切ると、火を入れた後に大きさが揃い、料理上手に見えます。**若い頃、店のルセット（レシピ）通り「すべて同じ厚さ」に切ったら、仕上がりで大きさがバラけてシェフに怒られたことも。

パプリカは種とヘタを取り、ズッキーニと同じくらいの大きさを目指して切ります。そもそも形が全然違うので、あくまで「同じくらい」をイメージすることが重要。玉ねぎは横半分に切ってから、くし形切りに。私はいつも、玉ねぎだけ他よりもやや小さく切っています。夏野菜ではないのにここで出番の**玉ねぎには、「具」であり、加熱で引き出される「甘味が料理全体の味をまとめる」という2つの役割がある。**適度に食感を残しつつ、早く甘さが出るようにと念じながら、気持ち小さく切ります。

野菜を素揚げする

鍋に揚げ油を熱して、**野菜を順に素揚げにしていきます。**油の量は、野菜がやっと浸る

▼野菜を揚げた油は
野菜の甘味が移り、炒め物などにもおいしく使える。すぐ使わない時の一時保存は冷蔵庫へ。

▼にんにくの加熱は冷たい鍋から
にんにくは非常に焦げやすいので、香りをじっくり引き出したい時は、必ず冷たい鍋に冷たい油と一緒に入れてから、ごく弱火で加熱を始める。

くらいの少なめで十分。野菜を「順に」揚げるのは少々面倒に感じるかもしれませんが、大きさや形の違いを、ここの揚げ加減で調整することができます。余熱を考え、いずれもさっと（1分30秒〜2分目安）。玉ねぎだけ、最後に少し時間をかけて透明感と甘い香りが出るまでしっかり揚げ、全部の野菜に下味としてごく軽く塩を振っておきます。

トマトソースを作る

冷たい鍋に、「オリーブオイル・にんにく」を入れてから、ごく弱火にかけます。野菜を揚げている代わりに、ここで使うオイルはにんにくの香りを引き出せる程度の少なめ。にんにくがほのかに色付いて香りが立ち始めたら、トマト缶を一気に加えて中火にし、実を潰しながら煮詰め、要するにトマトソースを作ります。

　とろみがついて段々とソースらしさが出てきたら、塩をほんの少し調える程度に加えます。煮詰めたトマトの旨味と酸味に、野菜に振った下味の塩、素揚げの油のコクも加わるので、ここで加える塩はちょっと少ない感じがする程度で一旦様子見。**野菜の水分を考えて、ソースは混ぜたヘラの跡がすぐに消えずに少しの間残るくらいまで、しっかり煮詰めておきます。**

　トマト缶は、細長い形のイタリア産トマトがお気に入り。その理由は、まず缶を開けた瞬間に驚くほどのその赤さ。トマトが何色かと聞かれたら一般的には「赤」ですが、日本のトマトの主流は桃色系で、実はここまでの赤にお目にかかることは少ない。さらにこのタイプのトマトは加熱で真価を発揮する品種で、旨味とコク、種からくる酸味が煮込むほ

どにまとまって、どこまでも赤く、鍋を覗いているのが楽しくなります。

できあがり

素揚げしておいた野菜をすべて加えて大きく混ぜ合わせ、味見をして足りなければ塩で調え、全体にトマトソースが行き渡ったら完成です。ソースで和えてなじませるくらい、やや強めの火加減で短時間で仕上げれば、鮮やかに残る野菜の色に「ああ、作ってよかった」と今日も思う。

トマト缶にやや日本離れした濃いめのものを使う代わりに、私はハーブ類を使わず塩だけでシンプルに仕上げることが多い。野菜だけの1本1個1缶も、積み重なれば結構な量ができあがる。本物はどうとかはあまり気にせず自分好みにしておけば、「自分の味」と諦めもついて食べ切れるというものです。

ちょっと手を加えて、もう一品

できたての熱々も、冷たくしてもおいしく、パンでもあればワインがスイスイ。フライパンで温め、［オリーブオイル・好みで粉チーズ］を加えて茹でたパスタとからめたり、パンにチーズとのせて軽く焼いても洒落た感じでまたおいしい。しかしどう食べてもおいしくて、この野菜だけの煮込みは一体どうなっているのか。

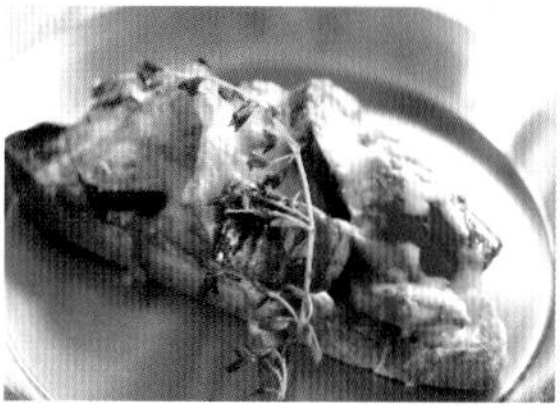

ラタトゥイユ・パスタの材料

〈材料〉1人分

・ラタトゥイユ ………… 100〜150g
・スパゲッティーニ ………… 100g〜
（約1％の塩を加えた湯で茹でる）
・オリーブオイル ………… 10g〜
・粉チーズ ………… 適宜

ラタトゥイユ・チーズトーストの材料

〈材料〉1人分

・ラタトゥイユ ………… 60〜80g
・バゲット、カンパーニュなど
素朴なパン ………… 1〜2枚
・シュレッドチーズ ………… 15g〜

P.86

手羽元のヨーグルトカレー

P.91

ねぎ塩だれ

P.94

豚の塩角煮

P.97

海南鶏飯

その奥には、醤油が潜んでいる。

手羽元のヨーグルトカレー

カレーというのは作っている最中から、それがカレーだとにおいでわかる。そのため洋酒の香りを嗜むバーや、日本料理、フレンチといった専門店では作ることがまるでなく、初めて仕事でカレーを作ったのは、昼夜問わず世界の香辛料とハーブの香りが立ち込めるデリのキッチン。随分長い間カレーと疎遠だった私にとって、スパイスの配合から始まるカレー作りはとても新鮮だった。

手羽元のヨーグルトカレーの作り方

〈**材料**〉4人分

- 手羽元……8本（約500g）
- 醤油……15g
- オリーブオイル……10〜15g
- 水……500g
- 塩(1)……3g

▶カレーベース
- 玉ねぎ……1個（300g）（横半分にして1cm幅に切る）
- しょうが（すりおろし）……15g
- にんにく（すりおろし）……15g
- ホールトマト缶詰……1缶（400g）
- カレー粉……15g
- プレーンヨーグルト（無糖）……200g

- オリーブオイル……適量

- 塩(2)……2〜3g
- 砂糖……3g

- 温かいごはん……適量
- パセリ……適宜

▼**焼き色はおいしい**
焼くことで生まれるおいしそうな色と香りは、メイラード反応という糖とアミノ酸の化学反応によるもの。醤油や味噌の色も同じ反応で作られる。

カレー粉はミックススパイスの代表格。手軽なルーとは違って塩や油を含まないため、自分で味付けする必要がある代わりに、言い換えれば自分らしく使えるということ。トマトとヨーグルトの爽やかな酸味に、あのにおいと黄色、辛さが揃うカレーが、夏はたまらなくおいしい。

手羽元を焼く

ボウルに手羽元を入れ、醤油をからめます。フライパンにオリーブオイルを中火で温めて手羽元を並べ、表面の醤油が焦げて香ばしさが出るまで焼きます。ボウルに残る醤油も、フライパンにすべて入れてしまってください。**醤油をからめて焼くと焼き色が付きやすくなり、さらに醤油の焦げる香りが、無条件にこれからおいしいものができそうな期待を掻き立てます。**

ここで焼くのは、焼き色と香ばしい風味を得るためで、完全に火を通す必要はありません。苦くなるほど焦げそうな気配を感じたら火を弱めて、時々面を変えながら、全体的に焼き色が付くまで6〜7分かけて焼きます。

手羽元を煮込み始める

煮込み用の鍋に［水・塩(1)］を入れて中火にかけ、焼いた手羽元を移して蓋を閉め、沸いたら弱火にして煮ていきます。**手羽元を焼いたフライパンはこの後まだ使うので、洗わずそのままに。**骨付きの肉は、煮込むと骨からも旨味が出てスープはおいしく、身離れもよくなり食べやすくなるので、私はいつも、肉がほろっと柔らかくなるくらいを目標にして煮込んでいます。

カレーベースを作る

手羽元を煮てスープを取りながら、カレーのベースを作っていきます。

◁玉ねぎを炒める

手羽元を焼いたフライパンにオリーブオイルを少量足して中火にかけ、横半分にしてから1cm幅に切った玉ねぎを入れ、塩ひとつまみ（分量外）を振って炒めます。**フライパンにこびりついた旨味を、玉ねぎの水分で溶かしてしっかりこそげ**、時々かき混ぜながら10分ほど炒めます。これは**鶏肉と焦がし醤油のコクに、さらに玉ねぎの旨味を重ねて奥行きを出す重要な工程**。かさが減ってきたら少し火を弱めて、甘い香りがしてくるまで根気よく炒めます。

◁香味野菜を加え、炒める

［しょうが・にんにく］を加え、中火にしてさらに炒めます。この2つは、まとめてジンジャーガーリックペーストと呼ばれ、インド料理でよく用いられる組み合わせ。見慣れたすりおろしも、言い方が変わるだけで途端に本格カレーのカギになるから不思議です。

◁トマト缶を加え、炒める

しょうがとにんにくの香りがしっかり立ったら、トマト缶を加えて実を潰しながら炒め合わせます。トマトは、生よりも凝縮感があるホールの缶詰を使用。種から出る酸味も、味付けのうち。水気を飛ばすようにしっかり加熱します。

◁カレー粉を加えて炒め、ヨーグルトとなじませる

トマト缶の水分が少し煮詰まってぽってりとしてきたら、カレー粉を加えて炒めます。**粉に火を通すようなイメージでしばし炒めたら、**ヨーグルトを加えてなじませます。ヨーグルトは、あらかじめかき混ぜてゆるゆるにしてから加えると混ざりやすい。

これでカレーベースのできあがりです。家カレーでは、個別のスパイスではなくカレー粉を愛用しています。売り場には、なじみの缶から有名店のこだわりの品まで並び、新しいものを買うタイミングで銘柄を変えてみると、それぞれの個性が漂い気分が上がる。

煮込む

手羽元を煮込んでいる鍋に、［カレーベース・塩(2)・砂糖］を加え溶かし込みます。この時点で手羽元を煮始めてから20分ほど経っていますが、肉がほろっとなるには、まだもう少し。蓋を軽くずらしてのせ、弱火でさらに20〜30分ほど煮込みます。

できあがり

軽くとろみがついて、手羽元が柔らかくなったら完成です。器にごはんとカレーを盛り、お好みでパセリを振って。ルーのカレーに比べるとかなりサラッとして、暑い時期にはこれくらいが食べやすい。トマトとヨーグルトの酸味のその奥に、醤油の香りが潜んでいるからか、日本のお米にもよく合います。ほぐれる鶏肉も嬉しい。

リズムに乗って

ねぎ塩だれ

ねぎを丸ごと1本みじん切りにして作る万能だれは、肉や魚はもちろん野菜の和えものから熱々ごはんまで、何でもおいしくしてくれる。暑さで参った体のスタミナ補給にも打って付け。

大量に切る必要があるねぎのみじん切りは、切る前は億劫でも、一度切り始めればどんどん楽しくなってくる。トントントントントン、リズムに乗って。

ねぎ塩だれの作り方

〈材料〉作りやすい分量

- 長ねぎ（白い部分）……… 1本（100g）（みじん切り）
- 塩 ……… 2g〜
- ごま油 ……… 30g
- レモン汁 ……… ¼個分（10g）
- 黒こしょう ……… 適量

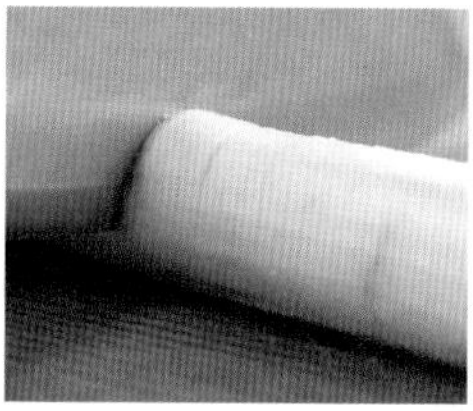
まずは片面に。

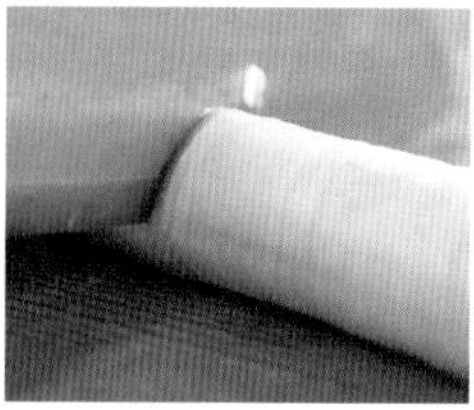
次に反転させて。

「3ステップでふわふわ食感になる」、ねぎのみじん切り。量がたくさん必要な時も、短く残ったねぎを使って少しだけ欲しい時も、どちらにも使える便利な切り方です。切り込みの入れ方さえ習得すれば、後はリズムに乗るばかり。

ねぎをみじん切りにする

このねぎのみじん切りは3ステップ。

◁A面に切り込みを入れる

ねぎを横向きに置き、繊維に対して斜めに切り込みを入れていきます。**この時、下まで切り離さないように**、包丁の刃元を浮かせたまま、刃の先だけがまな板に当たるように、包丁を斜めにしてトントントントンとリズムよく刃を進めていくのがポイント。そのまま端から端まで、全体に切り込みを入れます。

◁B面にも切り込みを入れる

切り込みを入れた面が真下に来るようにねぎを転がして裏返し、上にきた面にも同じように切り込みを入れます。トントントントン、リズムに乗って。こうして切り離さないように両面から斜めの切り込みを入れた状態を「蛇腹《じゃばら》」と言って、日本料理でこの切り方をするのは主にきゅうり。蛇腹に切ったきゅうりを塩水でしんなりさせて酢の物に使うと、不思議とよそ行きの雰囲気が出ます。

◁小口から刻む

両面に斜めの切り込みを入れたら、後は端から、今度は普通にまっすぐ刻めば、ふわふわみじん切りのできあがりです。繊維を斜めに切ってからさらに刻むので、口当たりが柔らかく生食に向きます。エビチリなどの仕上げに振っても適度な食感が残り、ふわっとして見た目もきれい。

できあがり

ボウルに［刻んだねぎ・塩・ごま油・レモン汁・黒こしょう］を入れ、よく混ぜ合わせたら完成です。和えたてはややポソッとしますが、**しっとりさせようとして油を足しすぎるとくどくなるので注意**。少し経てば、ねぎが塩でしんなりしてなじんできます。

焼きたての肉や、冷たい蒸し鶏にたっぷりのせてさっぱりと。トマト・きゅうり・レタスなど、野菜を和えればパンチが出る。熱々の白ごはんにどっさりのせてもいける。砂肝のコンフィ（Ｐ１２４）とも相性がよいので、夏のスタミナ補給にぜひお役立てください。

煮込み料理の真髄に迫る

豚の塩角煮

料理人に大切にしているものを尋ねたら、一番に「レシピのノート」を挙げる人が多いと思う。私の手元にも何冊かのノートがあり、一番古い料亭時代のものには、前からは店の季節料理が、後ろからは親方が作ってくれたまかないが書き留めてある。

その中で、暑い時期に毎年思い出して作るのが、豚バラ肉を昆布出汁と塩であっさりと煮る「豚の塩角煮」。大袈裟ではなく、煮込み料理の真髄に迫る傑作だと確信している。

豚の塩角煮の作り方

〈材料〉2〜3人分

・豚バラかたまり肉
……………… 約500g（3cm厚さに切る）
・だし昆布……………………………… 30g
（分量の水に浸し3〜4cm角に切る）
・水 …………………………………… 800g
・塩 …………………………………… 6〜8g
・日本酒 ……………………………… 40g
・酢 …………………………………… 40g
・鷹の爪
…………… 1本（半分に割って種を抜く）

豚肉とだし昆布を一緒に煮込んで昆布も具として食べる、見た目にもさっぱりした夏仕様の角煮。**昆布は思い切りよく使い**、そのおかげでたっぷりの昆布出汁が取れ、肉がおいしく煮える。その上、旨味のある煮汁で柔らかく煮えた昆布がまたおいしく、煮込み料理のよさが実感できる好循環の料理です。

だし昆布を水に浸して切る

だし昆布を分量の水に浸し、包丁で切れる程度に柔らかくなったら、食べやすく3〜4cm角に切ります。**浸した水は煮汁に使うので、そのままに**。私は適度な厚みと柔らかさのある真昆布を使います。昆布は濡れるとぬめりが出て滑るので、切る時はくれぐれも気をつけてください。

豚肉を下茹でする

豚肉を3cm厚さの大ぶりに切り、鍋にひたひたの水（分量外）と共に入れて中火にかけます。「ひたひた」は、肉がちょうど浸るくらいの量。沸いたら少し火を弱め、コトコトと15分ほど茹でた後、肉を取り出して水で洗います。洗った時の水の濁りから、煮汁を汚すアクや余分な脂が取れてきれいになっているのが感じられます。**時間をかけて長く下茹でですると、脂も抜けるが風味も抜ける**。ここで落とすのは絶対に不要なもの（表面のアクと脂）だけに留めて、適度にきれいになればそれで十分。

▼昆布の違い

日高昆布を使う場合は、他のだし昆布に比べて柔らかく早く煮えるため、タイミングをずらして途中で加えるなど、好みで調節を。

煮込む

鍋に、［水洗いした豚肉・切った昆布・昆布を浸した水・塩］を入れて中火にかけます。［日本酒・酢・鷹の爪］も加え、沸いてアクが出れば引き、ふつふつと表面がやさしく沸き続けるくらいに火加減して、蓋をして1時間ほど煮ていきます。

改めてノートを見返すと、材料に「酢」は書かれていなかったのだけれど、よりさっぱり感を求めて一度垂らしてみたらこれがいい塩梅で。酢には塩の感じ方を補う効果もあり、それからずっと入れています。

できあがり

蓋を開けてみて、肉が何となくすっきりしたような、おいしそうな感じがしたら完成です。昆布も柔らかく煮えて、酢昆布のような懐かしさもあり、おいしく食べられます。残った煮汁でそうめんを煮てもおいしい。表面に浮いた脂が気になるようなら、一度鍋ごと冷やすと固まってきれいに除けます。

板場には、その広さに不釣合な小さなクーラーが1台きりで、夏場はとても暑かった。まかないも自然とそうめんが多かったけれど、しっかり食べるための季節ごとの工夫も尽きなかった。

ねぎ、しょうが、ねぎ、しょうが、時々にんにく！

海南鶏飯《ハイナンジーファン》

茹で鶏と、その茹で汁で炊いたごはんを一緒に食べるシンガポールの名物料理「海南鶏飯《ハイナンジーファン》」。なじみのシンガポール料理のお店のマスターから、現地では胸肉を使うことの方が多いと聞いたことがある。とはいうものの、コクがありむっちりのもも、味も食感もさっぱり軽い胸、どちらも選べないほどおいしいのが悩みどころ。

海南鶏飯の作り方

〈材料〉2〜3人分

▶茹で鶏
- 鶏肉 ……… 2枚（約600g）（胸肉ともも肉を1枚ずつ使用）
- 水 ……… 1ℓ
- 塩 ……… 8g
- しょうがの皮 ……… 1個分
- 長ねぎの青い部分 ……… 1本分（ぶつ切り）

▶ごはん
- タイ香り米（ジャスミンライス） ……… 2合（300g）（さっと洗いザルで水を切る）
- ねぎ油(1)… 15g（「ねぎ油を作る」参照）
- しょうが（すりおろし）(1)※ ……… 10g
- にんにく ……… 1かけ分（みじん切り）
- 茹で鶏の汁 ……… 360g

▶ジンジャーソース
- ねぎ油(2)… 30g（「ねぎ油を作る」参照）
- しょうが（すりおろし）(2)※ ……… 50g
- 塩 ……… 2g

▶ねぎ油（作りやすい分量）
- 長ねぎの青い部分 ……… 1本分（粗めの輪切り）
- サラダ油 ……… 70g

- 香菜 ……… 適宜

※しょうがは皮をむいて、たっぷりおろしておく（皮も茹で鶏に使います）

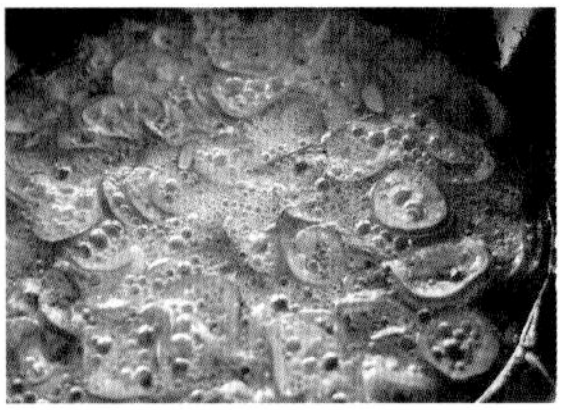 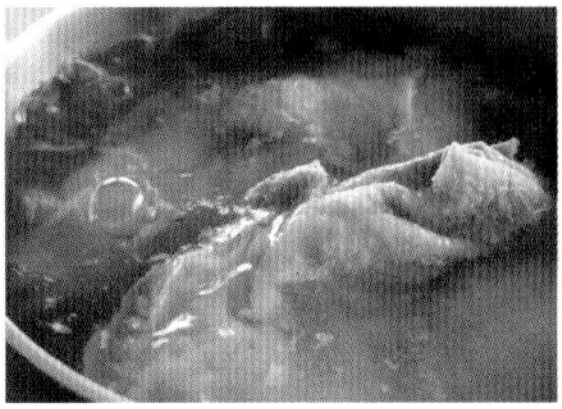

一見材料が多いように感じるけれど、よく見るとねぎ・しょうが・ねぎ・しょうが・時々にんにくと、見慣れたものがほとんど。**⑴茹で鶏＋⑵スープ（鶏の茹で汁）＋⑶炊き込みごはん、3品の料理が順にできていくイメージ**で作れば、意外に手間はシンプル。そしてその先には、驚くおいしさが待っている！

鶏を茹でる

蓋のできる鍋に、［茹で鶏用の水・塩・しょうがの皮・ねぎの青い部分］を入れて中火にかけ、沸騰したら鶏肉を入れます。**ここの塩加減が料理全体の味の決め手になる**ので、水と塩の量はしっかり計ってください。一度シンとなったのが再度沸いてきたら、ふつふつと肉が少し揺れる程度に火加減して2分間茹で、蓋をして火を止めます。後はそのまま30分〜1時間ほど放置すれば、気付いた時にはもう余熱で火が通っています。

ねぎ油を作る

茹で鶏を休ませている間に、ごはんとソースに使う［ねぎ油］を作ります。冷たい鍋にねぎの青い部分の輪切り1本分と、ギリギリ浸る程度のサラダ油を入れ、冷たい状態からごく弱火にかけてじわじわと加熱。しばらく元気よく泡が出続けた後、徐々に静まってきたら火を止めて、温度が下がってから網で漉してできあがり。ねぎ油は市販品もありますが、残りがちな青い部分とサラダ油があれば手軽に作れて香りもよく、自家製推奨です。

▼炊飯器で炊く場合は？

フライパンで米まで炒めてから内釜に移し、茹で汁で水加減して炊飯する。ジャスミンライスは日本米より水分量をやや少なめに。

ごはんを炊く

ごはんを炊く鍋にねぎ油(1)を入れて弱火にかけ、［しょうが(1)・にんにく］を炒め、続いてタイ香り米を加えて炒め合わせます。茹で鶏の鍋から、炊飯に必要な量の茹で汁を計って加え、一度鍋底からしっかり混ぜてから蓋をして、後は普通に炊いていきます。

タイ香り米（ジャスミンライス）は、とうもろこしのようなホクホクした香りがおいしいタイ米の高級品種（スーパーでも買えます）。日本のお米でもおいしくできますが、ジャスミンライスならもっとおいしくできます。

［鍋のお米の炊き方］

鍋に洗った米と水を入れ、蓋を閉めて中火にかける。10分過ぎを目安に蓋の隙間から少し湯気が出てきたらごく弱火に火加減し、そのまま9分ほど炊いて火を止める。蓋をしたまま10分蒸らしてできあがり。水加減は米1合に対して、同量（硬め、すし飯など）〜1.1倍（普通のごはん）が目安。

ジンジャーソースを作る

海南鶏飯といえば、ジンジャーソース・チリソース・ダークソイソースの3種のソースで食べるのが特徴。**そうはいっても、お店と同じなんて大変。**私の場合、ジンジャーソースは毎回作り、他はその時々で。ジンジャーソースは、［ねぎ油(2)・しょうが(2)・塩］を

▼青唐辛子の醤油漬け
生の青唐辛子を輪切りにして小さな瓶に入れ、醤油を注いで冷蔵庫で保存。薬味やかけ醤油にも使え、夏の料理のアクセントに重宝する。

混ぜてできあがりです。
チリソースの代わりにホットソースを使うことも。よくピザやパスタに使うような、あれです。一口にチリソースといってもタイプは様々で、甘味のあるタイのスイートチリや中華のエビチリソースより、辛味と酸味の構成が似ているホットソースの方が、この料理にはしっくりくる。好きでよく作り置きする［青唐辛子の醤油漬け］を添えることもあります。

できあがり

茹で鶏を食べやすく切ってごはんと一緒に盛り付け、ジンジャーソースと好みで香菜を添えて完成です。冷たいビールも忘れずに。鶏はしっとり、食べる前からもうおいしさがわかる。残った茹で汁はねぎを浮かべて、おいしいスープに。

やりすぎず省きすぎないシンプルさが、家で作るおいしさの秘訣です。

ちょっと手を加えて、もう一品

翌日、少し残しておいた茹で鶏と汁で、中華麺を食べるのもおいしい。少し深さのある皿に茹でた麺を盛って再加熱した茹で汁をかけ、茹で鶏とジンジャーソースをのせる。汁麺ではなく、茹で汁は麺の滑りをよくする程度の少なめに。味が足りなければ醤油で補い、香菜・青ねぎなど青味があれば、香りも見た目も一層素敵になります。

チキンヌードルの材料

〈材料〉1人分

・茹で鶏、茹で汁、ジンジャーソース……各適量
・中華麺……1玉
・醤油、香菜、青ねぎ……各適宜

P.104

レタスと豚肉の鍋

P.108

台湾的・鯖缶そうめん

P.112

中華風肉豆腐

P.116

チリビーンズ

なんとなく、通。

レタスと豚肉の鍋

寒い時に冷たいもの、暑い時に熱いものを好んで欲しがることは、なんとなく通な感じがする。真夏の暑い盛りに食べる鍋料理もその一つ。火の通りが早い具材だけを2〜3つに絞って、長く煮込まず、せっかちに食べ進めるのがおとなっぽい。私の夏の定番は、レタスと薄切り肉だけをさっと煮ながら食べる鍋。どちらも泳がせる程度で火が通り、レタスも半玉くらいは水のようにお腹の中に滑り落ちていく。

レタスと豚肉の鍋の作り方

〈材料〉2〜3人分

▶基本の鍋つゆ

- 出汁……1ℓ
- 薄口醤油……60g
- 日本酒……40g
- みりん……30g
- 塩……1g

- にんにく……2かけ（薄切り）
- 鷹の爪（輪切り）……ひとつまみ

- レタス……½〜1玉
- 豚薄切り肉（しゃぶしゃぶ用）……250g〜（部位は好みで）

- 粉山椒……適宜

まず自分にとっておいしいつゆの割合を決めると、いつでもおいしい鍋が食べられます。**具材の種類は少なめ・代わりに量はたっぷりが、準備するのも食べるのもシンプル。**まずはさっさと席に着き、冷えたビールで涼むことこそ、真夏の鍋の一番のおいしさ。

レタスと豚肉を準備する

レタスは水に浸してシャキッとさせ、葉を2〜3つに大きめに割いて水気を切ります。**煮るとかなりしぼむので、大きすぎると思うくらいがちょうどよい。**

豚肉はしゃぶしゃぶ用ならばそのままで、長ければ食べやすく切り、これで具材の準備は終わりです。豚肉の部位は、脂のコクで食べ応えのあるバラ、旨味の強い肩ロース、あっさり軽いもも、いずれもおいしいので、その時のコンディションによってどうぞ。

家で食べる鍋の具材は2〜4つくらいまでに絞る方が、それぞれの味や個性がよく感じられ、汁のおいしさも楽しめて気に入っています。

鍋つゆを合わせる

卓上用の鍋に「基本の鍋つゆ」の材料を合わせて中火にかけます。具材から出る水気を見越した濃いめの割合なので、軽く沸かしたら⅓量ほどを取り分けておくと、途中や〆の前に足すことができ後悔がありません。

この「基本の鍋つゆ」は、出汁に醤油という和風の基本的な味付けで、だからこそ変化が付けやすい。具材がレタスと豚肉の場合は、そこに「にんにくと鷹の爪」を浮かべると、

▼山椒

若芽を「木の芽」、花を「花山椒」、実を「青山椒」として用いる、日本料理に欠かせない和の香辛料。粉末にするのは完熟した実の皮の部分。

食欲をほんのり掻き立てながらレタスの爽やかさが生きて美味。他にも、具材に応じてしょうが・ごま油・こしょうなどでニュアンスを変えると、いろいろなつゆを楽しめて飽きがこない。

できあがり

鍋を卓上で火にかけて、ふつふつとした火加減を保ちながら、[レタス・豚肉]を入れて火が通ったそばから食べ進めます。どちらも火の通りが早く、待つストレスが皆無。レタスのシャキシャキと、ふわっと軽い薄切り肉のバランスも絶妙。

食べる時にぜひおすすめしたい薬味、それは粉山椒。うなぎのイメージが強い山椒ですが、鼻に抜ける香りは豚の脂とも好相性で、益々後を引くおいしさに。他にも七味唐辛子・柚子こしょう・ラー油など。**鍋自体をシンプルにして、香りで遊ぶのもまたおとなっぽい。**

〆は取り皿に軽くよそったごはんに残った鍋の汁をかけて、熱いところを堪えながらさらさらと流し込む。汁のおいしさを感じながら軽くお腹も落ち着いて、夏の渇きが十分に満たされます。

ちょっと手を加えて、もう一品

基本の鍋つゆに、しょうがをたっぷり加えてみるとまた趣が変わり、季節の移ろいに合わせて楽しめます。元の色が淡いキャベツは、長く煮ても色の変化があまり気にならない

郵便はがき

お手数ですが
切手を
お貼りください

1 5 0 - 8 4 8 2

東京都渋谷区恵比寿4-4-9
えびす大黑ビル
ワニブックス書籍編集部

お買い求めいただいた本のタイトル

本書をお買い上げいただきまして、誠にありがとうございます。
本アンケートにお答えいただけたら幸いです。
ご返信いただいた方の中から、
抽選で毎月5名様に図書カード(500円分)をプレゼントします。

ご住所 〒 TEL(　　-　　-　　)	
(ふりがな) お名前	年齢 歳
ご職業	性別 男・女・無回答

いただいたご感想を、新聞広告などに匿名で
使用してもよろしいですか?　(はい・いいえ)

※ご記入いただいた「個人情報」は、許可なく他の目的で使用することはありません
※いただいたご感想は、一部内容を改変させていただく可能性があります。

●この本をどこでお知りになりましたか?(複数回答可)

1.書店で実物を見て　2.知人にすすめられて
3.SNSで(Twitter：　Instagram：　その他　)
4.テレビで観た(番組名：　)
5.新聞広告(　新聞)　6.その他(　)

●購入された動機は何ですか?(複数回答可)

1.著者にひかれた　2.タイトルにひかれた
3.テーマに興味をもった　4.装丁・デザインにひかれた
5.その他(　)

●この本で特に良かったページはありますか?

●最近気になる人や話題はありますか?

●この本についてのご意見・ご感想をお書きください。

以上となります。ご協力ありがとうございました。

ので、はじめからたっぷり煮てしまい、さっさと席に着くのが気楽です。材料をすべて鍋に入れて火にかけ、鱈に火が通りふっくら膨らんでくればもう食べられます。黒こしょうをバリッと振ると後味が引き締まる。〆は、茹でうどんを入れ、少し煮てから卵でとじると甘さがやさしい。

キャベツと鱈のしょうが鍋の材料

〈材料〉2～3人前

- 基本の鍋つゆ……………………1単位
- しょうが…… 50g（皮をむいて千切り）
- キャベツ…… ¼個（500g）（ざく切り）
- 生鱈※
  ……… 3切れ（約350g）（一口大に切る）

※鱈のにおいが気になる場合は、水洗いしてからキッチンペーパーでしっかり水気を拭きます。魚は他に、ブリ、さわら、すずき、生鮭など、その時々の手に入るもので。

〝風〟を楽しむ

台湾的・鯖缶そうめん

無類のとまでは言わないけれど、かなりの麺好きだ。近頃はさすがに飲んだ後のラーメンまでは辿り着けないので、いきなりラーメン屋で一杯か、麻婆春雨・かた焼きそばなど、何かしら麺状のものをつまみに飲んでいる。家では1人前にちょうどよい小ぶりの土鍋が都合よく、多くなるのが煮込みうどん。半端野菜でもちくわでも豚肉でも、適当にくったくたに煮てうどん玉を入れ、最後に揚げ玉があれば最上。

台湾的・鯖缶そうめんの作り方

〈材料〉1人分

・鯖水煮缶詰 ……… ½缶（缶汁も使用）
・そうめん …………………… 1束（50g）
・水 ………………………… 350g〜400g
・醤油 ………………………………… 10g

・好みの薬味類
（香菜・一味唐辛子など）……… 各適宜

くたくた好きの私が、台湾の「麺線《めんせん》」というかわいい麺料理を参考に辿り着いたそうめん料理。見慣れた材料に作り方もとても単純、だけどちょっと初めての味わいになるはずです。鯖缶を汁ごと出汁に使い、そうめんは茹でずにいきなり「煮る」のが、この料理最大のポイント。

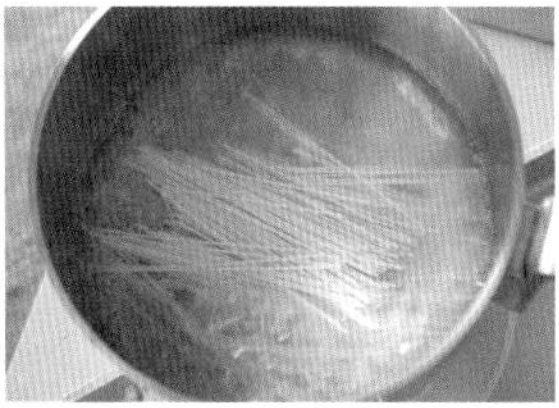

▼**麺線**
台湾で食事やおやつとして人気の麺料理。蒸した細麺をかつお風味のやや甘いとろみスープで煮込んだものに、豚モツや牡蠣、香菜などがのる。

そうめんを煮る

いきなりこの料理の最重要ポイント。そうめんは「茹でる」ではなく「煮る」です。鍋に分量の水を入れて中火にかけ、沸いたらそうめんを半分に折って入れ、くっつかないようにしばらく箸で混ぜながら煮ていきます。鍋に入れるのは、いつも麺を茹でるようなたっぷりの湯ではなく、そのままスープにする分量の少なめの水であることを間違えないようにしてください。ここで間違えると、できあがる料理が全く変わってしまいます。

日本の麺料理はたっぷりの湯で茹でてから、水洗いしてぬめりを除き、つるっとコシのある仕上がりにすることが多い。けれどこの料理では、そうめんをいきなり汁で煮て、そのぬめりをあえて「とろみ」として生かし、コシも求めないので水洗いはなし。そうめん自体が持つ塩気も味付けとして利用します。

台湾の麺線に使われる麺は、そうめんに似た細麺ではあっても、製法も雰囲気もやはり別の物。ただ日本で手に入れるのは簡単ではないので、「今作っているのはいつものそうめんではなく麺線風だ」という心構えこそが大切になります。

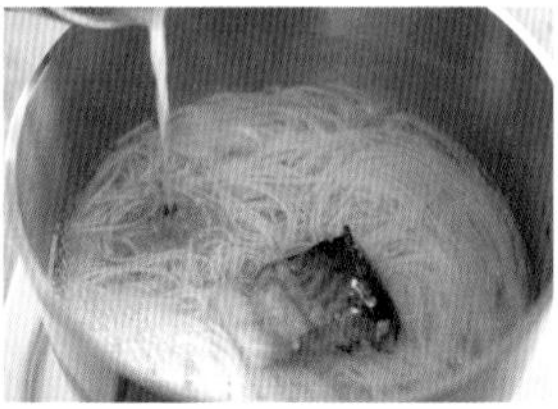

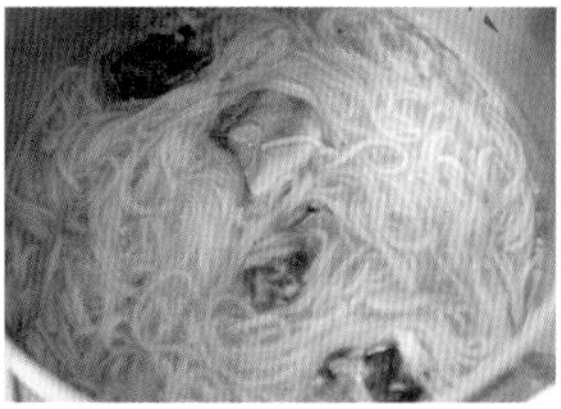

鯖缶を加える

そうめんがしなってきたら、［鯖缶・醤油］を加えてさらに煮ます。鯖缶は具として出汁として、汁ごと使用。身はあまり細かくほぐすと味が抜けて出汁殻のようになってしまうので、大きめにざっくりと。

そうめんから出る塩気に鯖缶の塩味が加わり、煮汁の味はややしょっぱめ。ただ、煮込むと次第に麺自体がやさしい味に変わり、自然なとろみにもほんのり甘さを感じるようになって、食べる頃にはいい感じになります。私はあえて甘味のある調味料を加えていませんが、お好みで砂糖やみりんで丸くしても。

できあがり

そうめんが汁いっぱいに増えて、全体にとろみがついたら完成です。**煮込み時間は、そうめんのパッケージにある茹で時間＋2〜3分**というところ。私は、家で食べる麺はくたくた気味の方が〝らしく〟好みで、「のびないうちに」と気持ちが追い立てられることもないので、ちょうどよい。

薬味があると見た目も味も盛り上がり、香菜があれば本場気分。一味唐辛子を少量のごま油で練って添えても、雰囲気が増します。ラー油・こしょう・おろしにんにくなど、お好みでどうぞ。汁の味がしっかりめなので、塩気のある豆板醤・柚子こしょうなどはしょ

っぱくなりすぎるかもしれません。

とことん追求する「本場の味」、ニュアンスを楽しむ「風の味」。作る楽しさを忘れなければ、どちらも素敵なおいしさになります。

そんな心持ち一つ

中華風肉豆腐

豆腐はおいしい。麻婆豆腐、チャンプルーなど手をかけた料理にもなり、ただ冷奴で十分という気分の日もある。あの豆腐の柔らかさはそもそも「崩れるのが前提」とも思われるから、形がどうなっても大して気にはしなくてよい。

そういえば、崩れて当たり前のものだからか、豆腐を料理するのが苦手という人に会ったことがない。料理をやさしくするのも難しくするのも、そんな心持ち一つだと思います。

中華風肉豆腐の作り方

〈材料〉2〜3人分

▶塩豚

- 豚肩ロース薄切り肉（やや厚みのある焼き肉用など）……150g（7㎜幅の細切り）
- 塩……1.5〜2g

- 木綿豆腐……2丁（6〜8つに切る）
- 塩……ひとつまみ

- しょうが……20g（皮をむき千切り）
- にんにく……20g（半分に切り叩いてから薄切り）
- 鷹の爪（輪切り）……ひとつまみ

- サラダ油……15g
- 紹興酒……30g
- 醤油……30g
- 水……100g

▼**塩豚**
豚肉に1％程度の塩を振り冷蔵庫で置くと、旨味が増して肉自体もしっとりする。煮汁に旨味が十分出た後も出汁殻のようにならず、ふっくら煮上がる。

塩で寝かせた「塩豚」の旨味と、豆腐の甘さで完成する煮込み料理。中華風のガツンとした味付けで、食べ慣れた豆腐料理とは一味違う新鮮味とほっとする素朴さを併せ持ち、こういう外で出会えない料理ほど家で作る価値がある。豚肉と豆腐の地味な下ごしらえが、最後のおいしさにつながります。

塩豚を作る

豚肉を細切りにして、塩豚用の塩を全体に行き渡るように振ってから、ぴっちりラップで包み、冷蔵庫で置きます。**この「塩豚」の旨味が出汁になるので、**肉自体に旨味がある肩ロースがこの料理には最適。

置く時間は、塩が溶けてから肉に染み込むまで1時間以上、そのまま2日ほど寝かせても大丈夫です。**置く時間を考えてタイミングさえ工夫すれば、後は肉と塩と時間がやってくれる。**この塩豚は炒め物や汁物の旨味出しなど、他の料理にも使えるので重宝します。

豆腐を下茹でする

鍋に、［大ぶりに切った豆腐・豆腐にかぶるくらいの水（分量外）・塩］を入れ、冷たいところから弱火にかけて豆腐がふつふつ揺れるくらいまで温めます。少し面倒にも思える豆腐の下茹で。しかし、おいしさのためには省きたくない一手間です。下茹でをすると、崩れにくくそれでいてふっくらとして、適度に水気が抜けることで味付けも決まりやすくなり、逆に**下茹でを省くと、この料理は突然難しくなります。**

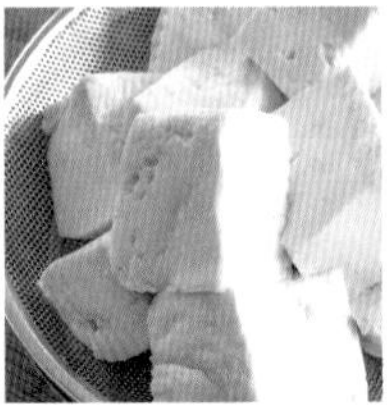

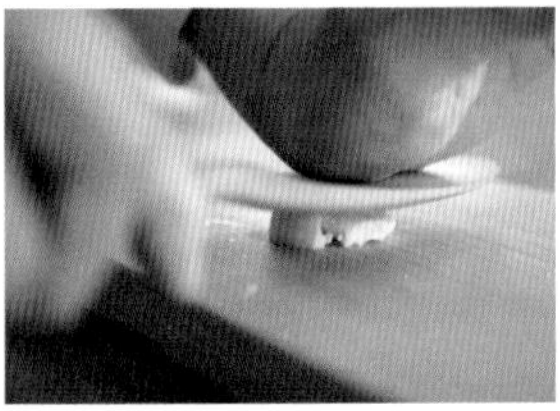

▼**にんにくを叩く**
みじん切りより存在感を残し、香りをしっかり出したい時に向く。にんにくの上に木べらを置き、その上から手で叩いて軽く潰す。

ぷるんとした弾力を感じたら、ザルに上げて水気を切ります。私は断然絹ごし派ですが、この料理だけは必ず豆腐自体が強い木綿を使います。**ぜひ、豆腐はそのまま食べてもおいしいものを使ってください。**

豆腐以外を炒める

フライパンにサラダ油を中火で温め、「しょうが・にんにく・鷹の爪」を炒め、にんにくが軽く色付いたら、塩豚を加えほぐしながら炒め合わせます。にんにくは叩いてから切ると、断面が増えて炒めた時に香りがよく出ます。

豆腐を煮る

肉の色が大体変わってきたら「紹興酒・醤油」を加えて混ぜ、一煮立ちしたら「下茹でした豆腐・分量の水」を加えます。具に対して煮汁が少ないので、上まで回るようにクッキングシートなどで落とし蓋をして煮始めます。豆腐がクツクツと揺れる程度の火加減で、15分煮たら一度豆腐をひっくり返してさらに15分、計30分ほど煮込みます。

下茹でするとは崩れにくくなるとは言っても豆腐であることには変わりがないので、あまりグラグラ豆腐が動くほどでは火が強すぎる。裏返す時もやさしく。ただ少々崩れたとしても、レンゲや匙で食べるのだから何ら問題ありません。紹興酒は中華風と称する味のポイントの一つなので、苦手でなければぜひ使ってください。

できあがり

煮汁が減り、豆腐がその旨味を含んだ感じがしたら完成です。残りの煮汁ごと盛り付けて、ぜひ汁ごと一緒に食べましょう。ごはんのせも絶対。残ったら温め直して、次の日にもおいしく食べられます。

青春の味

チリビーンズ

あの頃、テックスーメックスと呼ばれるメキシコ風のアメリカ料理が流行っていた。とは言っても、仲間が見つけてきた店にこぞって通っていたというくらいの小さな内輪の話、いわゆる私にとっての青春の味である。中でも当時繰り返し店に通って、ついには自分でも作るようになったお気に入りの料理が「チリビーンズ」。スパイスの複雑さより家での作りやすさに重きをおいて、大らかに余裕の気分で楽しんでいる。

チリビーンズの作り方

〈材料〉2〜3人分

・合いびき肉……400〜500g
・玉ねぎ……1個(300g)(みじん切り)
・セロリ……1本(100g)(葉までみじん切り)
・にんにく……1かけ(みじん切り)
・ホールトマト缶詰……1缶(400g)
・レッドキドニービーンズ水煮……2パック(固形量でひき肉と同量を目安)
・オリーブオイル……10g
・水……400g
・塩……ひとつまみ

▶**調味料**
・チリパウダー……小瓶½本(8〜10g)
・クミンパウダー……小瓶½本(8〜10g)
・オレガノ(ドライ)……小さじ1(なくても可)
・洋風スープの素(固形)……2個
・塩……1g
・黒こしょう……適量
・タバスコ®……10振り〜

▼チリパウダー
赤唐辛子の辛味に、クミン・オレガノ・ガーリックなどが配合されたミックススパイス。タコスをはじめ、メキシコ料理によく使われる。

［テックスーメックス］は、テキサスとメキシコを合わせた造語。料理もいいバランスでミックスされ、スパイシーな香りとほどよい辛さがあり、カジュアルで何より大らか。この料理に使う「チリパウダー」と「クミン」は小さな瓶で買って、**どちらも一度に半分ずつ同時にすっきり使い切ることにしています。**

野菜を切り、炒める

鍋にオリーブオイルを中火で温め、刻んだ玉ねぎを入れ、塩ひとつまみを振って時々混ぜながら炒めます。塩は味付けではなく、水分を早く引き出すためのものなので、ごく少量で構いません。

段々と水分が少なくなってきた感じがしたらやや火を弱め、玉ねぎがしっとりして透き通るまで炒めたら、セロリを足してさらに炒める。**セロリは葉もきれいなら一緒に刻んで入れてしまえば、無駄が出ない上に強い香りで一層異国情緒が増して、よいことしかありません。**野菜のみじん切りは、きれいに切りすぎない方が雰囲気が出るので、手切りでも機械でも、ざくざくの粗めで大丈夫です。

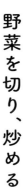

合いびき肉とトマト缶を加えて炒める

野菜から甘い香りがしてくるまで10分ほど炒めたら、［合いびき肉・にんにく］を加えて炒め合わせます。時々混ぜてひき肉をほぐし、肉の色が大体変わってきたらトマト缶を加え、実をヘラで潰しながら炒め合わせます。ひき肉もトマトも炒めるというよりは、加

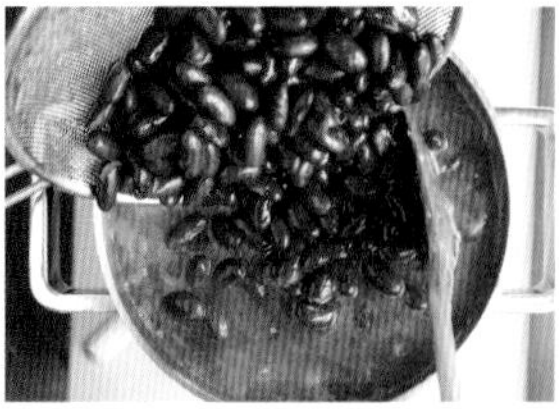

▼レッドキドニービーンズ
皮が赤いインゲン豆の一種。皮がしっかりしていて煮込み料理に向き、あっさりした味でサラダにもよく使われる。水煮の製品が使いやすい。

えた都度しっかり温めて、余分な水分を飛ばすイメージ。

トマトの実が潰れて全体がしっかり熱くなったら、トマトの缶に水を一杯（約400g）汲んで加えます。見事なことに、缶一杯分の水が煮込むのにちょうどよい量。計量も兼ねて缶に水を汲んで鍋に加えれば、缶に残ったトマトが無駄なく使えて缶もきれいになり、よいことしかありません。

レッドキドニービーンズと調味料を加えて煮込む

レッドキドニービーンズの水煮は、ザルにあけてとろみのある汁を切って軽く水洗いし、水気をよく切ってから鍋に加えます。調味料をすべて加えてよく混ぜ合わせ、沸いたら蓋を少しずらしてのせ、弱火で30分ほど煮込みます。

ここで辛さの元になるのが「チリパウダー」。このレシピの分量にすると、「もう少し辛くてもよいけれど、これくらいでもよい」という間口の広い辛さになります。もっと辛くしたい場合は、チリパウダーを増やす・辛味のスパイスを別に用意する（カイエンペッパーなど）・鷹の爪を加えるなど。私は、**［チリパウダー］と［クミン］をセットで同時に使い切る**ことをモットーにしているので、ベースは変えず、食べる時にタバスコを振ったり青唐辛子の酢漬けを添えたりと、卓上の自由度を残して仕上げることにしています。

もう一つ加えるハーブの［オレガノ］は、他の洋風料理にも使うのでここでの使い切りは意識せず。ちなみに**［クミン・オレガノ］はどちらも既にチリパウダーに配合されているものですが、さらに足して強調すると手の込んだ印象が増します。**

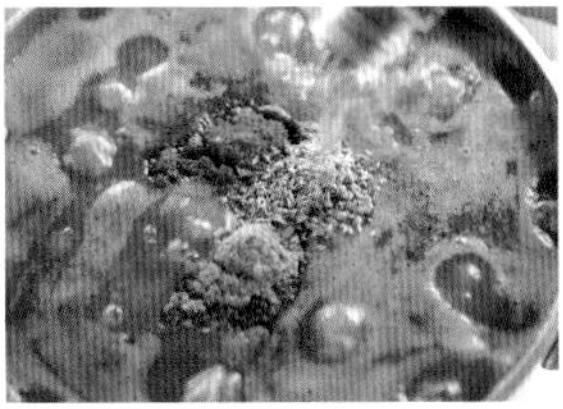

できあがり

適度に水分が飛んで、食べやすいくらいのとろみがついたら完成です。味見をして、［塩・黒こしょう・タバスコ］をお好みで加えて調えます。ひき肉も煮込むと肉自体の繊維がほどけて硬さがなくなり、豆の食感とよくなじむ。私はいつも粉チーズをたっぷり振って食べています。

肉も野菜も豆も山盛り入って、もうこの一品で十分な満足感。クラッカーやスナックのトルティーヤチップス・フライドポテトを添えると、一層気分が若返ります。

雑記

17時と22時

17時と22時。バーは、ちょっと変な時間に混む。カクテルの分類には［ベースとなる酒の種類／飲み方のスタイル］の他にも、［プレ・ディナー／アフター・ディナー］という分け方がある。つまり、17時は「食前」で、22時は「食後」。ともすれば食べることとは距離があると思われているバーの世界も、「食事」という人の日常と密接に繋がっている。

17時、「口開けの客人」が訪れる。カクテルの王様と呼ばれるマティーニをすっと流し込み去っていく人（きっとこの後レストランの席に着いても何食わぬ顔で連れとシャンパンで乾杯し、食事をしながらワインの2本も空けるのだろう）。ドライシェリーのトニック割りあたりで軽めに喉を潤すほどほどな人。「これから散々飲むからさ」と、せめてもの自分への労りに、バージンメアリー（トマトジュース）で自制して次の店へと出掛けていく人。

22時、この時間になれば事情も調子も人それぞれ。焼き鳥のにおいを引き連れ勢いよく流れ込んでくるグループ、まるで群れから離れるように一人静かに訪れる人、ゆっくりストレートのモルトを嗜む人がいれば、気分のよさと億劫なのが相まって「何か（シェーカーで）振ってよ」とこちらに委ねてくれる人、接待の後いつも真っ赤な顔でやってきて、フルーツの盛り合わせをもりもりと食べる常連客もいた。

プレかアフターか、バーかレストランか、それはあくまで［場面］の話。飲んで食べ、飲んで眠り、起きて食べる。私にとって食べることと飲むことは、どこまでも繋がっている。

三章 【あき】

秋

実る・迎える・醸す。
恵みに感謝しながら、
戻ってくるものを
迎え入れるのが秋の味。
心から楽しみ、次の季節への
備えも忘れない。

P.124

砂肝のコンフィ

P.129

おとなのフレンチトースト

P.133

きのこのオイル煮

P.137

長芋ソースのグラタン

湯煎で手軽にコンパクト

砂肝のコンフィ

多少貧血気味なので、鉄分を補えると聞く食材は摂るように心がけている。中でも、自分で料理するなら、スーパーでも十分新鮮な物が手に入る、鶏の砂肝がお気に入り。大した下処理なしで料理ができて、しかも安い。食べ物の栄養は薬の効き目とは違うから、続けられる相性がとても大切。手軽さとおいしさ、経済性まで、私にとって砂肝はありがたい食材です。

▼コンフィ
元は保存性を高めるための調理法。果物を砂糖漬けにしたり、肉類は脂を使って加熱したり漬け込むことが多い。

砂肝のコンフィの作り方

〈材料〉作りやすい分量

- 砂肝……500g
- 塩……5〜6g（砂肝の重量の1〜1.2%）
- 黒こしょう……適量（多めに）
- にんにく……3かけ〜（4〜5㎜厚さに切る）
- サラダ油……100g〜

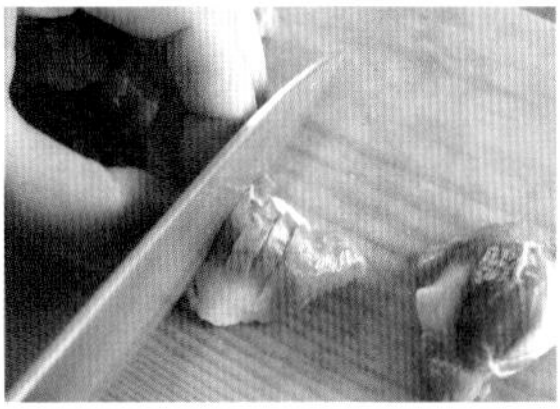

▼**砂肝に切り込みを入れる**
砂肝は鶏の胃の筋肉の部分。「銀皮」と呼ばれる青白い部分は食感がやや固いので、切り込みを入れてから調理すると食べやすくなる。

砂肝の銀皮と呼ばれる白い膜の部分は、食べられるけれどやや固く、下処理として取り除く場合もありますが、もったいないのと何より少し面倒。低温の油で煮るように加熱するフランス料理の技法「コンフィ」なら、筋の固さも気にならず丸ごとおいしく食べられます。湯煎で手軽にコンパクトに作れるのも魅力的。

砂肝を切る

砂肝はこぶが2つ繋がったような形をしているので、まず2つに切り離してから、それぞれ切り込みを入れます。切り込みは、火の通りを早くするためと、より食べやすくなるように。銀皮と呼ばれる表面の青白い部分は、さっと加熱する炒め物などでは食感が固く、取り除く方が多いかもしれませんが、今日はそのまま。**じっくり油で加熱するコンフィにすると、筋っぽさもまるで気にならなくなります**。サク、サク、サクッと切り込みを入れる音が気持ちよい。

下味をつける

耐熱容器に、「切り込みを入れた砂肝・塩・黒こしょう・にんにく」を入れ、全体を混ぜてなじませます。塩の量は砂肝の重量の1～1.2%と、割に多め。**塩気は薄いよりはやや濃いめにしておく方が、クセが目立たず食べやすくなります**。

砂肝は、内臓類の中ではクセが圧倒的に少ない部位。なので、私は臭み消しの香辛料や香り付けのハーブの類は使わずに、下味はごくシンプルにしています。塩とこしょうとに

▼油に浸しながら湯煎加熱する

直接加熱に比べて温度管理が容易で、油の量が少なく済みコンパクト。加熱時間が長い時は、湯がなくならないように途中で確認を。

んにくで、大抵のものはもう十分においしくなりますから。

油に浸しながら加熱する

下味が全体に行き渡ったら表面を平らにならして、サラダ油を材料がちょうど隠れるか、ほんの少し出ているかくらいまで注ぎます。油は香りのないサラダ油で、ここもシンプルに。続いて湯煎で加熱していきます。直火と違って**緩やかに加熱が進む湯煎は、油を使う料理でもあまり温度管理に気を使う必要がありません**。

水が入らないようにアルミホイルで蓋をして、耐熱容器ごと鍋に入れます。容器の周りにその高さの半分ほどの水を張って火にかけ、鍋の蓋を閉めて沸いてきたらごく弱火に。途中ボコボコ言うようなら、鍋の蓋をずらして蒸気を逃して調節してください。そのまま60～90分加熱します。時間はかかるけれど、ここまで来てしまえば後は待つばかりです。

私はホーロー容器と、収まりのよい土鍋をセットで使用しています。金属ボウルと鍋、フライパンなど、手持ちの物を組み合わせてできるコンパクトさがよい。

できあがり

加熱時間が経ったら火傷に気をつけながら容器を取り出し、砂肝が好みの固さになっていれば完成です。60分で砂肝らしいシャキシャキした歯触りがまだ残る仕上がり。そこから鍋に蓋をして30分余熱放置すると（90分後）、しっとり柔らかめの食感に。

加熱が終わったら、アルミホイルを外してオイルごと一度冷ますと、塩気もにんにくの

香りもよくなじみ、しっとりおいしく食べられます。温かく食べたい時は、食べる分だけ取り出してオイルごと温め直すか、砂肝だけソテーしてマスタードなどを添えても。ソテーのタイミングでオリーブオイルを使えば洋の雰囲気に。もちろん冷たいままつまんでも。

何かの拍子に貧血の〝ひ〟でも口にすれば、相手によらず返ってくるのは「レバー食べた方がいいよ」がお決まりのフレーズ。一昔前なら「どこそこのレバ刺しは鮮度がよくて旨い」「いやあっちの方が旨い」「じゃあ次は食べ比べだな」までが、さらに呑助のお決まりだった。食べた方がよい物が、食べたい物でもあれば、いろいろと上手くいく。

ちょっと手を加えて、もう一品

コンフィ自体の風味をシンプルにしておくと、そのままはもちろん、和洋中問わずアレンジがきいて最後まで飽きずに食べ切れます。砂肝を食べ切った後に残る油は炒め物に使ったり、砂肝がある内に一緒にパスタにするのもおすすめ。

フライパンに砂肝のコンフィのオイルと鷹の爪を入れ、茹で上がったパスタとキャベツ・茹で汁（50〜60g）を加えて中火で熱しながらからめます。オイルが乳化して麺によくからんだら、薄切りにした砂肝のコンフィを加えてできあがり。**もうそのまま食べられる砂肝のコンフィは仕上げに加えて、温める程度で十分です。**お好みで、オリーブオイルを回しかけ、パセリ・黒こしょう・粉チーズで風味を加えるとよりおいしく。

フライパンで砂肝のコンフィをそのオイルで軽く炒めて、サラダ野菜の上に盛り付け、ドレッシングをかけて食べるのもフランス風でおいしい。柔らかめの半熟卵やこんがり焼いたバゲットをのせて崩しながら食べると、ボリュームが出て満足感が増し、ワインの量も増します。

砂肝のコンフィとキャベツのパスタの材料

〈材料〉1人分

・砂肝のコンフィ……3〜5粒(薄切り)
・砂肝のコンフィのオイル……20〜30g
・スパゲッティーニ……100g
(約1%の塩を加えた湯で茹でる)
・キャベツ……50〜60g
(一口大のざく切り、パスタが茹で上がる3分手前で同じ鍋に加え、一緒に茹でる)
・鷹の爪(輪切り)……少々
・オリーブオイル、パセリ、黒こしょう、粉チーズ……各適宜

砂肝のコンフィのフランス風サラダの材料

〈材料〉2人分

・砂肝のコンフィ……10粒
・砂肝のコンフィのオイル……適量
・好みのサラダ野菜
(レタス、クレソン、スプラウトなど)
……適量(水に浸してシャキッとさせる)

▶ドレッシング
・オリーブオイル……15g
・酢……15g
・フレンチマスタード……15g
・塩……2〜3g
・黒こしょう……適量

・茹で卵(半熟)、バゲット……各適宜

食パンだもの

おとなのフレンチトースト

ふと思い立って、フレンチトーストを作った。子どもの頃は大好きで、せがんでは作ってもらい見様見真似で自分でもよく作っていたのに、気付けばもう随分長いこと食べていなかった。それを久しぶりに作りたくなった理由はシンプルで、家に［食パン］と［卵・牛乳・砂糖］があったから。

おいしいものは自分にも作れる。その嬉しさを教えてくれた、懐かしい料理です。

おとなのフレンチトーストの作り方

〈材料〉1人分

- 食パン（5枚切り）……………… 1枚

▶卵液

- 卵 …………………………… 1個
- 牛乳 ………………………… 110g
- 砂糖 ………………………… 8g〜
- ラム酒 ……………………… 5g〜

- サラダ油 …………………… 少々
- バター ……………… 8〜10g

- 好みのトッピング
（はちみつ・メープルシロップ・粉糖・バターなど）…………… 各適宜

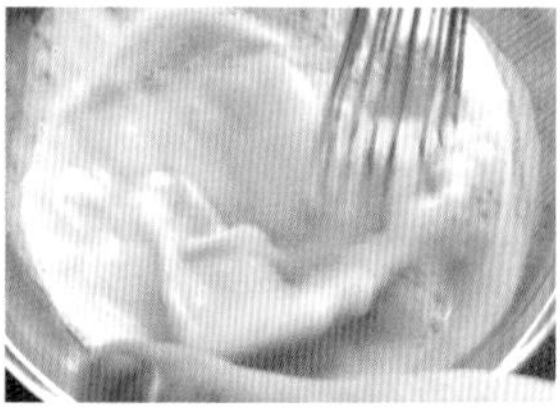

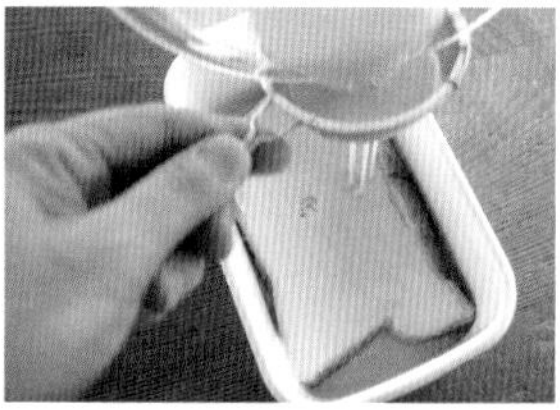

▼**容器はパンのサイズに合ったものを**
パンがちょうど入るくらいのサイズを選ぶと、ムラも無駄もなく卵液が染み込む。少し窮屈に見えても、焼けば膨らんで戻るのでご安心を。

卵液にラム酒を加えた、香り高いおとなのフレンチトースト。はちみつを後がけするので、ベースの甘さは少し控えめにしています。**耳までしっとり仕上げるポイントは「卵液は濾して・長めに浸し・弱火でゆっくり焼く」こと。**手数の少ない料理ほど、その一つ一つが結果に直結することを忘れないで。

卵液を作る

ボウルに卵液の材料を入れ、卵のコシがしっかり切れてサラサラになるまでよく混ぜます。香り付けはラム酒の他にも、ブランデー、ウイスキーも合います。香り付けはあくまで好みで、あれば入れる、なければ入れないでもちろん大丈夫。

食パンを浸す

平らな容器に食パンを置いて、その上から卵液を茶漉しやザルで漉しながら回しかけます。**卵液を濾すと濾さないでは食べた時の口当たりが段違いに変わる**ので、ここはぜひ濾してみてください。浸ける容器はできるだけパンのサイズに合う、小さめがおすすめ。液が広がらずに、パンが効率よく吸い込んでくれます。

卵液自体は見る見るパンに吸い込まれますが、耳まで染み込ませるためには冷蔵庫で少し寝かせます。 1時間浸けて割としっとり、5時間浸けで耳も柔らか+パンらしい質感がまだ残る焼き上がりに。一晩置くと焼く前はもう崩れそうなほどで、焼き上がりの食感もなめらかに。夜浸けて朝焼く、朝浸けて夜焼く、休日なら朝浸けて昼に焼くなど、自分の

生活リズムでその時々のおいしさを楽しむのがよいと思います。時間を置かずにすぐ焼いても、それもそれでちゃんとおいしい。食パンだもの。

食パンは山型の5枚切りがお気に入り。しっとり詰まった質感の角型食パンに比べると、上に伸びている分フワッとして水分量が少ない。卵液の吸いがよく、元々耳が柔らかめなので、フレンチトーストに向いていると思います。とはいえ家ごとに親しんだ食パンがあると思うので、好きなものを使うのがきっとおいしいはず。

焼く

フッ素樹脂加工のフライパンに薄くサラダ油を塗り、弱火で温めて焼いていきます。卵液を吸い切ったパンはずしっと、すっかり柔らかくなっているので、崩さないようフライ返しなどを使ってやさしく移動。**砂糖が入った生地は焦げやすいため、火加減は最初から最後までごく弱火**。蓋をして片面を6〜7分焼いていきます。こういう時、フッ素樹脂加工のフライパンは本当にありがたい。

時間が経ったら様子を見て、好みの焼き色が付いていたら裏返します。片面が焼ければ質感がしっかりして、もう崩れる心配はなし。また蓋をしてもう片面を6〜7分焼きます。

できあがり

蓋を開けた時にパンがふっくらと大きく膨らんでいたら焼き上がり。最後に少しだけ火を強めてバターを溶かし、風味を加えて仕上げます。**バターは長時間加熱すると焦げる心**

▼バターは仕上げに加える

たんぱく質を含むバターは、長時間加熱すると焦げ色が付く。仕上げに加えてなじませると、料理の見た目にも影響せず風味よく仕上がる。

配があるのと、いつの間にか香りもどこかへ逃げてしまうので、こうして最後に加えるときれいに風味よく仕上がります。これは魚のムニエルや、あさりバターなどでも使える技です。

焼いたままの素朴さがまずおいしく、はちみつ・メープルシロップ・粉糖・追いバターなどをお好みでかけて。フルーツなどを添えてもまた楽しい。

好きだった懐かしの味に、ほろ苦い記憶が蘇る洋酒の香りを重ねて。おセンチに浸る秋の日も、たまには悪くない。

うきうきする食感

きのこのオイル煮

こんなにきのこを食べるようになったのは、随分おとなになってからだと思う。きのこのおいしさに一度気が付くと、当たり前を通り越し、もはや食べずにはいられなくなる。秋はスーパーにきのこの種類が充実して、かわいらしいきのこを見かけると、あれこれ買わずにはいられない。まとめて多めのオイルで炒めておくと冷蔵庫の中もかさばらず、後は食べるばかり。秋がやってくるごとに、益々きのこが好きになる。

きのこのオイル煮の作り方

〈**材料**〉作りやすい分量

- 好みのきのこ（しめじ・舞茸・しいたけ・マッシュルームなど）……300g（石づきを取る）
- 塩……3g
- オリーブオイル……40g
- にんにく……2かけ（半分に切り叩いてから薄切り）
- 鷹の爪（輪切り）……ひとつまみ
- 黒こしょう……適量

きのこは、種類ごとに料理するとそれぞれの味や食感がよく感じられ、違う種類でいくつか混ぜればうきうきする楽しさがある。オイル煮といっても、水分の多いきのこは多めの油で炒めるだけで、十分にしっとり食感とオイルによる日持ちのよさが得られます。そのままワインのつまみや付け合わせにしてもよいですし、きのこパスタもサササッと作れて、重宝します。

きのこをほぐす

石づきのあるものは切り落とし、石づきのないものも触って硬いところがあれば包丁で削いで除きます。しめじや舞茸など房状のものは手でほぐし、しいたけ・マッシュルームなど形のしっかりしたものは包丁で食べやすく切ります。

きのこは加熱すると相当しゅんとしぼむので、大きめを意識して。ここで**あまり細かくしすぎてしまうと、できあがりに若干物悲しさが漂う場合があります**。しいたけなら半分か、大きいものは¼に。軸が太くしっかりしていれば、硬い根元の石づきだけを薄く削ぎ落として軸ごと切ると、いかにもきのこらしい形を生かすことができます。

▼石づき
きのこの根元の硬い部分や、おがくずなどがついたところ。きのこの種類によって異なるが、切り落とすか薄く削るようにして除く。

オイルで炒め煮にする

フライパンにほぐしたきのこを入れて塩を振り、［オリーブオイル・にんにく・好みで鷹の爪・黒こしょう］を加えて中火にかけます。

水分が多いきのこは自分の水分で上手に煮えてくれるので、油をたくさん使う必要はあ

りません。焦げたり崩れたりすることもあまりないので、中火のままグツグツと音を立て、時々大きく混ぜながら煮ていきます。

できあがり

きのこのかさがぐっと減り、しっとりツヤが出てきたら完成です。そのまま食べてもよし、皮をパリッと香ばしく焼いた鶏肉に添えたり、パンにのせたりしても。ほんの少し酢を加えて和えると、冷たい白ワインによく合います。作ったその日にまず食べて、残ったら冷蔵庫で5日ほどは保存可能です。

ちょっと手を加えて、もう一品

きのこの和風パスタは「安定」を超えていくおいしさ。そのまま食べておいしいオイル煮を使えば、サッとシンプルに作れます。**味付けに醤油をきかせたいので、パスタを茹でる時の塩は控えめに**。

フライパンに「きのこのオイル煮・日本酒・醤油」を入れて温め、茹で上がったパスタと多めの粉チーズを加え、和えればできあがり。最後にパスタの茹で汁で麺の滑りを整えると、食べやすくなります。好みでオリーブオイルを回しかけて香りを足し、仕上げにバリッと黒こしょう・パセリ・大葉・青ねぎの刻みなどをあしらっても素敵です。

冷蔵庫に日持ちする作り置きが一品あると、それだけで心に余裕が生まれる。今日はどんなアレンジをしようかと考えるのも楽しくなる、ありがたいオイル煮です。

きのこ醤油のパスタの材料

〈**材料**〉1人分

- きのこのオイル煮……100g
- スパゲッティーニ……100g〜
  （1ℓの湯に塩3gを加えて茹でる）
- 日本酒……15g
- 醤油……8g

- 粉チーズ……15g
- オリーブオイル、黒こしょう、パセリ、大葉、青ねぎなど……各適宜

後ろめたさのない満足感

長芋ソースのグラタン

長芋は生食ができる珍しい芋。よい意味で水っぽいサクサクとした歯応えを好んで、よくぬか床に漬けている。すりおろせば飲み物のようになめらかで、特に夏場は蕎麦やごはんをつるつると胃に運ぶのにもってこい。秋は自然と体が温かさと食べ応えを求めるようになり、伸びのよさをソースに生かすグラタンが気に入っている。火を通すと持ち前のぬめりと軽さにむっちりとした量感も備わって、なるほどこれは芋らしい。

長芋ソースのグラタンの作り方

〈材料〉2人分

- 長ねぎ ……… ½本（2㎝幅の斜め切り）
- ぶなしめじ ……… 1パック（100g）（石づきを取ってほぐす）
- 焼き麩※ ……… 15g（水で戻してよく水気を絞る）
- 焼き海苔 ……… 1枚

- オリーブオイル ……… 10g
- 塩 ……… ひとつまみ
- 日本酒 ……… 15g
- 醤油 ……… 8〜10g
- バター ……… 15g

▶長芋ソース

- 長芋 …… 130g（皮をむいてすりおろす）
- マヨネーズ ……… 20g

- 粉チーズ ……… 5g

※焼き麩は、小町麩・切麩・おつゆ麩など、汁の具に使う柔らかいものを使っています。

［グラタン］は、焼いて焦げ目をつけた料理の呼び名で、こんがり焼けば何でもグラタンに。長芋とお麩がメインの、後ろめたさのない軽さと満足感を合わせ持つ一品。きのこはしめじ以外でも、しいたけ・舞茸・マッシュルームなどお好きなものを使ってください。

長芋ソースを作る

ボウルにすりおろした長芋とマヨネーズを入れ、泡立て器でよく混ぜます。長芋の白にマヨネーズの卵色が混ざり合い、ホワイトソースさながらの色合いに。空気を含ませるように、よくよくよくかき混ぜておくと焼き上がりがふんわりします。

具材を炒める

フライパンにオリーブオイルを中火で温めて長ねぎを入れ、あまり触らず時々転がして炒めます。ねぎにツヤが出てきたらしめじをほぐしながら加え、水分を引き出すための塩ひとつまみを振り、炒め合わせます。しめじがしっとりしたら、水気をしっかり絞ったお麩を加え、［日本酒・醤油］を回し入れて、味を行き渡らせるように炒めます。最後にちぎった焼き海苔とバターを加え、大きく混ぜてバターが溶けたら火を止めます。

家では、バターはいつも1㎝ほどの角切りにして保管しています。料理の仕上げに加えた時に溶けが早く、1かけらが大体2〜3gでいちいち計らなくても量の見当がつけやすいので、スピード感が増す。**バターは炒め始めから使わずに、こうして仕上げに加えると、**

コクのある乳の香りとおいしさをしっかり残せます。

具材を器に入れて焼く

炒めた具材を耐熱の器に平らに入れて、その上から全体を覆うように長芋ソースを広げます。表面に粉チーズを振り、オーブントースターやグリルでチーズにおいしそうな焦げ目がつくまで7〜8分ほど焼きます。

お麩は全国各地に個性的な種類がたくさんある、とてもおもしろい食材で、好きな乾物の一つ。水に数分浸すだけで使える手軽さも魅力です。

できあがり

表面にこんがり焼き目がついたら完成です。一見したところ、よく知るグラタンの雰囲気。そこから漂う醤油とバターの間違いない香りに、胸が高鳴ります。むっちり焼き上がった長芋と海苔の風味が、日本酒に新米に、とにかく米に合うのです。

P.142

鶏のきじ焼き

P.145

漬けマグロのガーリックステーキ

P.150

ハンバーグ

P.155

とろろの茶碗蒸し

あたまによし、ごはんによし。

鶏のきじ焼き

バーテンダーをしていた頃はまだ若く、先輩の後をついて歩き、たくさん飲ませてもらった。職場近くの小さな焼き鳥店へ行くと頼むものはいつも、串を塩で3本と冷やしトマト。甲類焼酎の水割りを水の如く飲んだ後、「もう一つくらい何か」とお品書きを一応眺めて、頼むのは決まって「きじ焼き丼のあたま」。丼で書いてあるところを「あたま」で頼むと、ごはん抜き。「いつもの」で済ませないところに、その先輩の流儀があった。

鶏のきじ焼きの作り方

〈材料〉2人分

- 鶏もも肉 …………………… 1枚(約300g)
- サラダ油 ………………………………… 少々

▶**たれ**

- 醤油、日本酒、みりん …… 各20g
- 砂糖 ……………………………………… 5g

- 好みの付け合わせ
  (ししとう・長ねぎなど) ………… 各適宜

▼きじ焼き
元はキジの肉を使った料理で、そのおいしさを模した料理を呼ぶ。豆腐・鶏肉・魚などを甘辛い醤油だれを付けて焼くこと。

余分な皮や脂を取り除いてから調理する。

［きじ焼き］といってもキジの肉を使うわけではなく、鶏肉を焼いて甘辛いたれをからめる料理。フライパンで焼いてから直火で炙って仕上げると、おなじみの照り焼きとは一線を画する上等な仕上がりに。［あたま］でつまみによし、ごはんにのせて丼がまたよし。

鶏肉を整える

鶏肉の皮を下にしてまな板に置き、肉から大きくはみ出した皮や、黄色い脂、肉の表面に残った固さのある骨を包丁で取り除き、身を半分に切ります。**旨味が強くコクのあるもも肉は、余分な皮や脂をつけたまま料理するとやや仕上がりがくどくなる**ので、先に除いておくとちょうどよい味わいに。切り取った皮は、カリッと焼けばつまみに最適。

肉を焼く

フライパンに少量の油を中火で温め、皮を下にして鶏肉を入れ、皮目にしっかり焼き色が付くまでしばらく返さずに焼きます。ここで重要なのは**必ず薄く油をひいてから焼くこと。**焦げ付かない加工がされたフライパンであっても、**少量の油を使うことで肉の脂が引き出され、結果料理がすっきり仕上がります。**かなりの量の脂が出てくるので、余分に感じた時はキッチンペーパーで拭き取ると、よりすっきり。皮に脂があるからといって油を使わずに素で焼き始めると、脂はそれなりには出ますが十分とまでは言えません。

端からめくって覗き、皮目にカリッとした硬さが出てこんがりと焼き色が付いていたら裏返し、さらに2分ほど焼きます。この時に、3〜4cm長さに切った長ねぎやししとうを

付け合わせとして一緒に焼くと、鶏の脂で風味よくツヤッときれいに焼き上がります。野菜もあまり触らず焼き目を付けると、見た目のアクセントにもなりおいしそう。

肉を取り出して、たれを作る

肉を両面焼いたら一度皿に取り出して、フライパンに脂が溜まっていればキッチンペーパーで拭き取ります。同じフライパンに［たれ］の調味料を入れて中火にかけて沸かし、少しとろみがついてきたら肉を戻し入れ、時々返しながらからめます。

できあがり

火を止めて少し置き、触れるくらいになったら食べやすく切り分けて、付け合わせと一緒に盛り付け、たれをかけてできあがり。切る前の**仕上げに、魚焼きグリルや焼き網などでガスの直火に当てて表面を軽く炙る**と、香ばしさが加わってより雰囲気が出ます。

また、粉山椒、七味唐辛子など、辛味をきかせると後味がすっと切れる。ごはんにのせた丼のおいしさも言わずもがな。お好みでごはんに刻み海苔や炒り卵・大葉の千切りを散らしたり、仕上げにごまを振ると豪華絢爛。

先輩曰く、せっせと仕込んだ焼き鳥を自分たちに使わせるのは何か申し訳ない気がして、わざわざ串を打たない料理で〆るのが落ち着くのだという。酒呑みにはそれぞれの流儀があり、少し気弱なところもある。

漬けるではなく、まぶす。

漬けマグロのガーリックステーキ

スーパーで手頃なメバチマグロを見つけた日には、小躍りしながら買って帰り、すぐに醤油とみりんで〝漬け〟にしておく。1日置くと身がほどよく締まり、シンプルに山葵を添えて食べるもよし、温かいごはんと刻み海苔で漬け丼にしてもお見事。しっかり漬かったところをじゅうと焼き付けたステーキがまた傑作で、濃い醤油の色は香ばしさに変わり、より濃厚な旨味が楽しめグラス片手にまた小躍り。生にはない新鮮味のあるご馳走です。

漬けマグロのガーリックステーキの作り方

〈材料〉2人分

▶漬けマグロ
- マグロ（刺身用さく）……約230g
  （大きめの一口大に切る。マグロの種類は好みで）
- 醤油……20g
- みりん……10g

▶ガーリックチップ
- にんにく……2～3かけ
  （2～3㎜厚さに切り芽を除く）
- オリーブオイル……15g～

▶ソース
- 日本酒……30g～
- バター……10g

- 黒こしょう……適宜

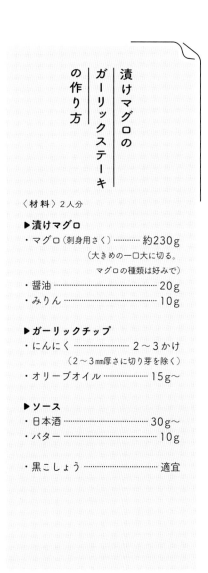

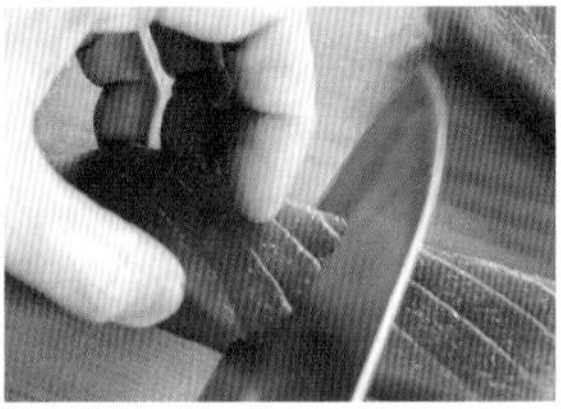

▼包丁を寝かせ気味に切る

包丁を傾けて切り口に角度をつけて切ると（削ぎ切り）、断面が大きくなって切り身を大きく見せることができる。

〝漬け〟は冷凍庫がなかった時代の生マグロの保存法。今は旨味を引き出す楽しみ方の一つとなって続いています。最小限の調味料でできる「しょっぱくならない漬け方」と「素材の旨味を生かし切るソースの作り方」が、おいしさのポイントです。

マグロを〝漬け〟にする

漬ける容器に醤油とみりんを入れて混ぜ、マグロを加えて全体にまぶします。**使う調味料はごく少量で「漬ける」ではなく「まぶす」イメージ**。これで十分漬かります。ラップをして冷蔵庫で、半日〜丸1日は置きたいところ。平たい容器の方が調味料が行き渡りやすく、おすすめです。途中で一度くらい上下を返せると理想的。

お店の料理ならたっぷりの醤油を使って浸し、その分短時間で仕上げる方法もありますが、家での料理はもう少しコンパクトにできる方が何かと嬉しい。保存が目的ではないので多量の塩分は必要なく、漬け時間を長めに取れば最小限の調味料でも味の染み方・食感共に十分効果を発揮してくれます。

ステーキと決めて作る場合は、やや大ぶりの箸で持てる大きさに。**包丁を寝かせ気味にして斜めに切ると、大きく見えてボリューム感が出ます**。さくのまま漬けて食べる時に切ってもよく、薄くまたは小さめの角に切って漬ければ早く味が染みる。ただし小さく切ったものは焼くと崩れやすくなったり、火が入りすぎることがあるので、ステーキには不向き。マグロの切り方は食べ方や時間の都合によって、変えてみてください。

▼ガーリックチップは早めに引き上げる
色が付き始めるとあっという間に濃くなり、黒みを帯びると苦くなる。取り出した後も加熱が進むので、早めに引き上げる。

ガーリックチップを作る

マグロを焼く前に、まずガーリックチップとオイルの準備。にんにくだけを香ばしく加熱するコツは、**必ず火をつける前の冷たい鍋に入れてから弱火で加熱を始めること**。焦げやすいにんにくを温めた油に入れると、すぐに色が付き始め、香りが上手く引き出せなくなります。2〜3㎜厚さに切って、焦げやすい芽を除きます。食感がある方が楽しいので、薄すぎず厚すぎず。冷たいフライパンに、にんにくとやっと浸る程度のオリーブオイルを入れてから火にかけます。時々返しながらじわじわ加熱し、薄く色が付いてきたら火を止めて、**まだ白っぽく感じる内にペーパーの上に取り出します**。箸先の感触がフニャッとしていても冷めるとカリッと、色付きも少し進んでちょうどよくなります。**オイルはフライパンに残したまま**。このにんにくの素敵な香りが移ったオイルで、続いてマグロを焼いていきます。

ガーリックオイルでマグロを焼く

フライパンに残ったガーリックオイルを再度中火で温め、漬けマグロを並べ入れます。入れたらしばらくはいじらずに、まずは下にした面をしっかり焼き付けます。焼けてくると熱が伝わってきて縁が白くなってくるので、それを見計らい裏返して、裏面は軽く焼いて皿に取り出します。

せっかく刺身用のマグロなら、レア気味に仕上げたくなる気持ちもある。ただそのため

にはかなり厚みのあるさくを使うか、焼きをごく浅く短くする必要があってどちらも悩ましく、私は香ばしさ重視でしっかり焼くことにしています。それでも〝漬け〟と〝表をしっかり裏は軽く〟の焼き加減の合わせ技で、パサつきもなくしっとり。ステーキ限定なら、鮮度のよい加熱用のアラや血合いの部分でも、おいしくより手頃に作れます。その場合は両面ともしっかり加熱してください。

ソースを作る

マグロを焼いたフライパンに日本酒を加え、鍋底についた焼き汁をこそげながら煮立てます。続いてバターを加えて溶かしながら沸かし、とろみがつけばソースもできあがり。この一連の作業、〔鍋に付いた焼き汁や旨味を液体で煮溶かす（＝デグラッセ）〕と〔バターで乳化させてツヤ・とろみを付ける（＝ブール・モンテ）〕は、フレンチのソース作りの基本的な技法。普段の料理にも取り入れやすく、複雑な調味料を使わなくても奥行きのある味わいに仕上げてくれる素晴らしい知恵です。

できあがり

盛り付けておいたマグロに熱々のソースをかけ、ガーリックチップ、バリッと黒こしょうをきかせて完成です。ツマには、ピリッとした辛味で口の中がさっぱりするスプラウトが好相性。マグロ自体に味が染みているので一口目からどこを食べてもしっかりおいしく、ライスもパンも、日本酒もシードルもいける味わい。しっとり感の中に時々ザクザクと混

ざってくるガーリックの歯応えが、心地よく脳に響きます。

一見地味。でも実は、マグロの漬け〜フレンチのソースまで、この料理は和洋の技の集合体。新しいものを追う前にふと基本に立ち返ってみることの大切さは、いつも料理のおいしさが教えてくれます。

同じようでいて、みんな違う。

ハンバーグ

同じようでいて、みんな違う。それがハンバーグというもの。家の定番はケチャップソースかおろしポン酢か、タネに豆腐を混ぜるレシピも人気が高い。お店では「肉肉しい、肉汁たっぷり」のシズル感の打ち出しやブランド牛使用の高級路線など、競合店はもちろん家のおいしさとも差別化する必要があり、工夫が尽きない。私も随分と仕事で作ってきたけれど、その経験からわかったのは、とにかくみんなハンバーグが好きだということ！

ハンバーグの作り方

〈材料〉2人分（約160g×4個分）

- 合いびき肉……300g
- 塩(1)……2g
- 黒こしょう……適量

- 玉ねぎ……400g（粗みじん切り）
- オリーブオイル……適量
- 塩(2)……ひとつまみ

▶つなぎ
- パン粉……20g
- 牛乳……40g
- ケチャップ……20g
- 片栗粉……10g
- にんにく（すりおろし）……3g
- 卵……1個

▶ソース
- 赤ワイン……80g
- 醤油、はちみつ……各40g
- にんにく（すりおろし）……3〜5g
- バター……10g
- 黒こしょう……適量

- 好みの付け合わせ
（にんじん・ほうれん草・じゃがいも・ホールコーンなど）……各適宜

しっかり食べたい量感と家らしさのバランスを探った結果、私が家で作るハンバーグは、タネはつなぎが多めのしっとり系、ソースは赤ワインベースでおとなっぽく仕上げます。同じようでみんな違う、「それでいい」のがハンバーグという料理です。

玉ねぎを炒める

フライパンに玉ねぎのみじん切りとオリーブオイルを入れ、塩(2)を振って中火で炒めます。手切りでもフードプロセッサーでも、みじん切りは粗めで大丈夫。**量がかなり多く感じますが、炒めると半量ほどになってしまうので、ぜひ多めに準備してください。**

炒め玉ねぎは重要な旨味の素。水分があるうちは焦げないので、中火で時々混ぜながら炒めていきます。もうもうと出ていた湯気が少なくなってきたら火を弱め、量がぐっと減り、しっとり茶色味を帯びてきたら火を止めて粗熱を取ります。この「玉ねぎを炒めて・冷ます」だけ少し時間が必要なので、前もって準備して冷蔵庫に入れておくとスムーズ。

ひき肉に塩こしょうをする

肉ダネをこねられるサイズのボウルに「合びき肉・塩(1)・黒こしょう」を入れ、木べらで混ぜます。**手でこねずに木べらを使うのは、ひき肉をできるだけ冷たい状態に保つため**の少しの気遣い。手でこねる時間が長くなると、肉の脂が手の熱でゆるみ、後で成形しにくくなります。塩と黒こしょうが大体行き渡れば終了です。塩には肉自体の粘りを引き出し、タネを崩れにくくする働きがあります。

▼つなぎ
材料の粘着性を高めたり、質感をなめらかに整えるために加えるもの。肉ダネや魚の練り物、蕎麦など、材料と狙う効果によって使い分ける。

私は、肉の臭み消しとしてよく使われる**ナツメグの代わりに、最も身近な香辛料である黒こしょうを多めに加えます。**肉の質も流通も進歩した現代においては、臭み消しとされてきたスパイスも風味付けの意味合いが強いと思うので、家のハンバーグには黒こしょうで事足りる。本格的な香りが欲しい時や手持ちがある場合は、もちろん使ってください。

つなぎだけを合わせる

別のボウルに「つなぎ」の材料と、冷ました炒め玉ねぎを入れてよく混ぜ合わせます。ひき肉とは別に「つなぎ」だけを先に混ぜておくのも、肉ダネを手でこねる時間をできるだけ短くするための気遣い。私はふんわりしっとりのタネを目指して、「肉汁を吸って留めるもの（パン粉・片栗粉）」と「うるおいと旨味を与えるもの（牛乳・卵）」に、「風味を加えるもの（ケチャップ・にんにく）」を組み合わせています。仮にどれかが欠けたとしても仕上がりが全く違ってしまうということはないので、あるものをできるだけ揃えて加えれば大丈夫です。

肉ダネを合わせる

ひき肉のボウルに「つなぎと炒め玉ねぎを混ぜたもの」を加え、ここでようやく手でこねます。**いきなりこねようとしてもつなぎが滑って上手く混ざらないので、はじめは握るようにして、**にゅっにゅっとなじませてからこねると早く均一に混ざりやすくなります。できるだけ手の熱をタネに伝えないことを意識しながら手早く混ぜ、全体が同じ色味にな

れば混ぜ終わり。元々柔らかめのタネですが、あまりに扱いにくいようなら、しばらく冷蔵庫で休ませると締まって少し扱いやすくなります。

成形する

タネを4等分して、一つずつ手に取り丸く整えます。手に油を軽く塗ると、タネが手にペトペト付かずに成形しやすくなります。形は楕円でも丸でも好き好きですが、フライパンに並べる時の収まりのよさも重要。

両手でタネを投げ合うようにする［空気抜き］と呼ばれる動作がありますが、このタネは肉汁を吸うつなぎが多めで、仮に焼いている途中で割れたとしても肉汁がどこかへ逃げてパサパサになるということはなく、**空気抜きをしなくても特に問題はありません**。ただ、あのキャッチボールはある意味ハンバーグ作りの山場とも言えるので、慣れていれば普段通りが落ち着くかもしれません。

焼く

フライパンにオリーブオイルを中火で温め、**形を整えたタネを静かに並べ、すぐにごく弱火にして**そのまま5分ほど焼きます。**たっぷりの炒め玉ねぎとケチャップの甘さで、想像よりもかなり焦げやすいので注意してください**。段々熱が上に伝わってきて側面まで白っぽくなってきたら慎重に裏返し、水50gほどを回し入れて蓋を閉め、5分蒸し焼きにして中までしっかり火を通します。

ハンバーグを取り出し、ソースを作る

蓋を開けてハンバーグがふっくらと膨らんでいるのを確認し、水気が残っていればそのまま加熱して飛ばしてから、盛り付けるお皿に取り出しておきます。温かい料理を盛る皿は、火のそばなどで温めておくことを心がけるとよし。

続いてソース作り。同じフライパンに赤ワインを入れて、鍋底についた旨味を溶かしながら中火で煮立てます。これは旨味を残さず生かすフランス料理の技法の一つ（デグラッセ）。［醤油・はちみつ・にんにく・黒こしょう］を加えてぐつぐつ煮詰め、軽くとろみを帯びてきたらバターを加えよく混ぜて、ソースの完成です。仕上げにバターを加えてとろみやツヤを付けるのも、フレンチのソース作りの技法（ブール・モンテ）。

できあがり

盛り付けておいたハンバーグの上からソースをかけて完成です。ハンバーグを割ると溢れる肉汁！　は出てきませんが、それはすなわちおいしさがすべて中に留まっているということ。スパイスの香りの代わりに穏やかさがあり、醤油が奥に香るソースにも心落ちつく。ワインとの相性はもちろん、意外なほどごはんにも合う。付け合わせを同じお皿に盛り付ける場合は、柔らかく茹でたにんじん・ほうれん草・じゃがいもにバターをからめたものやホールコーンなど、**こちらも加熱してあると雰囲気が揃います**。

同じようでいてみんな違う、これが私のハンバーグです。

ひたすら熱く、ひたすらやさしい。

とろろの茶碗蒸し

気温が下がってくると、日毎に熱い食べ物が恋しくなる。私の秋のお気に入りは、あらかじめ煮た材料を器に入れてから軽く蒸す「茶碗蒸し」で、芯まで熱を蓄えた具材と、ほどよい汁気が体の内側までしっかり温度を運んでくれる。器ごと蒸すから、おいしさも熱もどこへも逃げず食べ尽くせるところがまた嬉しい。白いとろろの下に卵の月を忍ばせて、秋のお月見風情も満喫できる。

とろろの茶碗蒸しの作り方

〈材料〉1人分

▶煮汁
- 出汁……100g
- 薄口醤油、みりん……各15g

▶鶏団子
- 鶏ひき肉……60g
- 水……20g

- 絹ごし豆腐……½丁
- 舞茸…30g（固いところがあれば除く）
- 温泉卵……1個
- 長芋…100g（皮をむいてすりおろす）

- 好みのトッピング（わさび・青のり・三つ葉・柚子こしょうなど）……各適宜

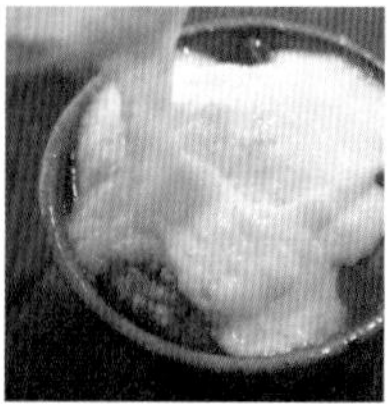

▼温泉卵
卵白と卵黄の固まる温度の違いを利用して、65～68度を保ちながら30分ほど加熱すると作れる。温度管理と時間が必要なので、市販品でも。

「蒸す」といっても、直接蒸気を当てて加熱する以外にも方法は様々。具材を器に入れて蒸す［茶碗蒸し］は、こぢんまりと作りやすくて見た目にもおもしろみがあります。汁物を兼ねたおかずとして、お酒のあてとして、ひたすら熱くてひたすらやさしい。

具材を煮る

鍋に［出汁・薄口醤油・みりん］と食べやすく切った豆腐を入れ、蓋をして弱火にかけます。ボウルに［鶏ひき肉・分量の水］をスプーンでよく練り混ぜ、煮汁が沸いたらスプーンで3等分にして落とします。**ひき肉に水を練り込んで煮ると、肉の味が濃くておいしい鶏団子になる。**一つが小さく加熱が短時間で済むので、つなぎを加えなくても硬くならず、沸いた煮汁にポトッと落とすだけでふっくら固まります。鶏団子の表面が白く固まってきたら、空いたところに舞茸をほぐして加え、蓋をして2分ほど煮て鶏団子の芯まで火を通します。舞茸は卵で作る茶碗蒸しでは使い方に注意が必要ですが、この茶碗蒸しならどのきのこでも問題なし。秋はきのこがかわいい。

お茶碗に具材を入れる

耐熱の器に、煮た具材を汁ごとよそいます。煮汁は器の縁から1.5cm下の高さを目安に、入るだけ入れてください。真ん中にくぼみを作って温泉卵を割り入れ、その上から表面を覆うようにすりおろした長芋をのせて平らにならします。

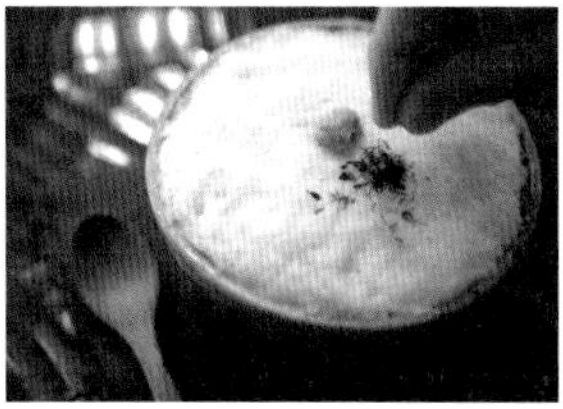

とろろをのせて蒸す

表面のとろろにくっつかないようにラップをふわっとかけ(周囲はぴったり貼り付ける)、加熱していきます。湯煎の場合は、蓋ができる鍋(またはフライパン)に器を入れ、その周りに熱湯を鍋底から2㎝ほどの高さに注ぎ、鍋の蓋を閉めて弱火で5分加熱します。蒸し器、電子レンジ(600Wで1分30秒目安)でも。具材は煮てあるので、後入れの温泉卵ととろろが温まればもう食べ頃です。

できあがり

器全体が温まり、ラップが膨らんでくれば完成です。器がとても熱くなるので、取り出す時は布巾などを使って火傷に気をつけてください。仕上げに「わさび・青のり・三つ葉・柚子こしょう」などで香りと色味を添えると、上品な雰囲気が漂います。

匙で汁ごとすくって熱々のところをわしわし食べれば、とろろと卵のねっとりがまず舌に触れ、熱い豆腐がつるりと滑り込んでくる。鶏団子と舞茸の旨味を噛み締めながら、お酒も燗なら趣が合う。ごはんにするなら、**たまには自分におにぎりを握ってあげるのも小さな贅沢。**

P.160
チャーシュー

P.164
揚げ出し豆腐

P.168

牡蠣のオイル漬け

P.174

秋刀魚の炊き込みごはん

P.178

豚汁

青いところのおかげ

チャーシュー

一口にチャーシューと言っても、焼く・煮る・蒸す、とろけたりほぐれたりしっとりしたりと、様々。ただ、どうであっても外せない最大のポイントは、やや甘さのあるあの味付け。その甘さに、普段の料理では使いこなすのが難しい「ねぎの青いところ」が上手に働いてくれる。「肉を焼いた後に少し煮る」、だから焼豚でも、煮豚でもなく、チャーシューと私は呼ぶ。おいしさのための曖昧さは、家の料理に大切な考え方だと思っています。

チャーシューの作り方

〈材料〉作りやすい分量（約4人分）

・豚肩ロースかたまり肉…約600g
・サラダ油……少々

▶煮汁
・醤油、日本酒……各90g
・みりん……150g

・長ねぎの青い部分……1本分（ぶつ切り）
・にんにく……3～4かけ
・しょうが……30g（皮ごと薄切り）

長ねぎを買ったら青い部分まで無駄にせず使いたいと思っているものの、白いところが欲しくて買うから大抵後回し。考えてみれば白いところは何かしら使えるものだから、先に青い部分のための料理を考えることに。その一つがチャーシュー。煮るといってもトロトロではなく、噛み応えのあるおつまみ向きの仕上がりで、この作り方には肩ロースが最適です。

煮汁を合わせる

煮込み用の鍋に煮汁の材料を入れ、一度沸かして置いておきます。比較的短時間であの甘辛味にするために、みりんと日本酒のアルコールを飛ばして醤油も含めた煮汁全体を軽く濃縮しておきたい。**一旦沸かして放っておけば、自然と蒸発して煮込み始める前には少し濃くなってくれています。**肉に対して煮汁の量が少なめなので、鍋は肉がギリギリ入るくらいの小さめサイズが向いています。

肉の表面をしっかりと焼く

フライパンに少量の油を入れて強めの中火で温め、豚肉を全面にしっかりとした焼き色が付くまで焼いていきます。**この焼きは、火を通すのではなくチャーシューらしい香ばしさを付けるため。**形を整えるようにタコ糸で縛ったりはせず、私はいつもそのまま。家で作るチャーシューの形がいろいろでも問題があるとは思わないし、自然な形がまたおいしそうに感じる。

▼肉の表面をしっかりと焼く
肉自体の色素が少ない豚肉は、焼き色が付きにくい肉質。時間をかけて焼くしかない代わりに急に焦げたりもしないので、根気よく焼くのがコツ。

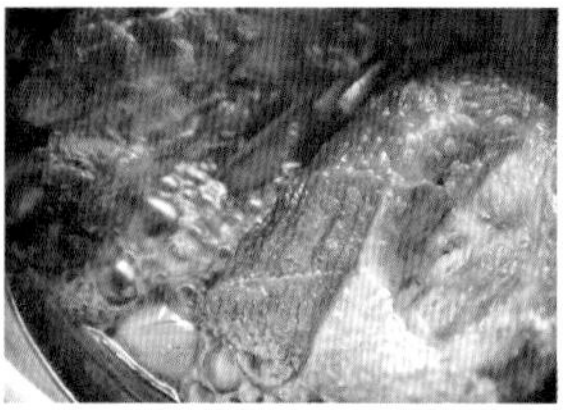

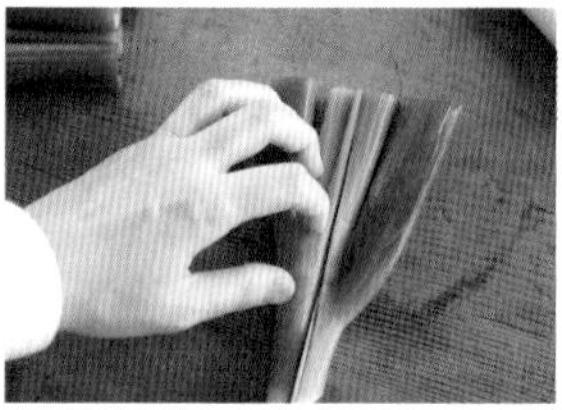

焼く面を変えたらしばしそのまま、また面を変えたらしばしそのままを繰り返しながら、**焼くのはここが最初で最後なので根気よく焼く**。ここでまんべんなくしっかり焼き色を付けておくと、仕上がりの見た目にも食感にも、窯で焼いたようなチャーシューらしい雰囲気が出ます。

香味野菜を準備する

ねぎの青い部分は太いところを半分に割り、長ければ鍋に入るくらいに切って、にんにくは皮をむいて丸のまま、しょうがは皮ごと薄切りにします。これが煮上がったのを食べてみたらおいしかったので、チャーシューと、肉の旨味を含んだおつまみが同時にできあがると考えて、私はどれも多めに入れていつも食べてしまいます。

肉が焼けたら、一度沸かしておいた煮汁で煮る

沸かしておいた煮汁の鍋に、しっかり焼き色を付けた肉と香味野菜を入れ、クッキングシートなどで落とし蓋をして中火で煮ます。

落とし蓋をすることで、余分な水分を逃しながら熱の回りをよくして、煮汁がグツグツと上までまわり、全体に味を染み込ませます。15～20分ほど煮たら一度肉を返して、さらに15～20分煮る。合計30～40分煮て、お肉も香味野菜もよいあめ色に煮上がっていれば、火を止めてください。

鍋のまま休ませる

味もしっかり濃く、すでに火も通っているので、すぐにでも食べられますが、**かたまりの肉を調理した後は「休ませる」と、味がなじんでよりおいしくなります。**煮えたてを切るのは熱くて触るのも大変なので、**休ませるといっても放っておくだけ。**

作っておいて翌日に食べる場合など時間を置く時は、冷めたら冷蔵庫へ。冷えて固まった脂が浮いていれば取り除くと、よりすっきりとした仕上がりになります。

できあがり

触れるくらいまで冷めたら（一度冷蔵庫で冷やした場合は、火にかけて常温くらいまで温めてから）食べやすく薄切りにし、一緒に煮込んだ香味野菜も合わせて盛り付け、完成です。ねぎの白い部分を斜め薄切りにして水にさらしたものや、香菜、からしなどがあると引き締まる。

残った煮汁は、野菜炒めや違う肉を焼く時のたれに使ったり、チャーシューの端っことあめ色に煮えたしょうがを刻んで混ぜ込んだ「チャーシューごはん」の味付けに使っても、おいしくないわけがない。卵と焼く「チャーシューエッグ」も、実はかなり贅沢なおいしさです。

そのままでまずおいしく、アレンジもきく、働き者の手作りチャーシュー。作った手間に見合う以上のおいしさは、きっとねぎの青いところのおかげ。

つるりつるり

揚げ出し豆腐

揚げ物が好き。とは言っても、若い頃のようにべらぼうに食べられるわけではないし、揚げ物を思い浮かべるだけで胸焼けする日だってある。そんな揚げ物の中にあって、唯一とめどなく食べられてしまう料理が、少ない油で揚げてつゆだくに仕上げる「揚げ出し豆腐」。豆腐の淡い味わいに油のコクが加わり、それを大根おろしたっぷりの醤油味のかけつゆで追いかければ、油が洗い流されるようにつるりつるり。

揚げ出し豆腐の作り方

〈材料〉2人分

- 絹ごし豆腐……1丁
- 片栗粉……適量
- 揚げ油……適量

- 大根……400g（皮をむいてすりおろす）
- 三つ葉……½束（3cm長さに切る）
- なめこ……1パック（水洗いしてザルで水を切る）

▶かけつゆ

- 出汁……500g
- 醤油……45g
- みりん……40g

- しょうが（すりおろし）……適宜

揚げ出し豆腐は、外はカリッと中フワフワが目指すところとされるけれど、私はつゆだくで、衣がしとっとなったところを汁ごと食べるのが好みなので、この分量はかなりつゆたっぷり。お好みの加減でお試しください。

豆腐を切って、置く

豆腐を揚げやすいサイズに切り、キッチンペーパーを敷いたところに並べて置いておきます。「揚げ出し豆腐つゆだく派」の私にとって、揚げ上がりの豆腐のカリカリ感はこの料理の最重要ポイントではないので、豆腐にはある程度水気があって結構。片栗粉をまぶす時に少し扱いやすくなれば十分なので、切って紙の上に並べて置いて、**他のことをしている間に出てきた水が自然に抜ける程度で**いつも揚げています。

かけつゆの材料を準備する

つゆを合わせる前に、まず大根おろしをたっぷり用意。手でおろしてもフードプロセッサーなどを使っても。フードプロセッサーを買いたての頃は、高速大根おろしに感動してやたらとギュンギュンおろしたものですが、今は使い分けというよりはその時々の気分によって手でやったり、ギュンギュンやったりいろいろ。おろしたら、自然に水気が切れるようにザルに上げておきます。

揚げ出し豆腐が食べたくなる季節は、大根がまたジューシーでおいしい。**せっかくの持ち味をぎゅっと絞って繊維ばかりにする必要もない**からと、自然に水気が切れるくらいにしていましす。**「この料理には多すぎる水分を、一時的に分ける」**というだけで、ザルの下に落ちた大根汁もおいしいので、いつも出汁と合わせてお味噌汁にして食べています。三つ葉は3cmに切って、なめこは洗って水切り。この辺りで揚げ油を温め始めます。

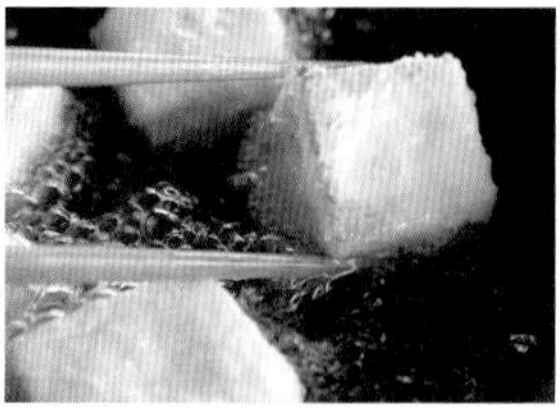

豆腐を揚げる

豆腐の表面の水気もペーパーで軽くおさえて、**片栗粉を全面に付けたらすぐさま油に投入します**。このすぐさまが大事で、すぐ油に入れないと片栗粉があっという間にしとっと泣いてくる。だから「せっかくつけたのに」となる前に、油はねに気をつけながら静かに入れてしまってください。

家の揚げ物はいつもフライパンに1〜2cm深さほどの少なめの油で。はじめは油が足りない感じがしても、豆腐を入れていくと段々と下半分くらいが浸かっていくから大丈夫です。入れたら**しばらくは触らずにじっと我慢**。すぐに触るとどうなるか。衣がネチネチと箸についてきて、運悪くそのままズルッとはがれるともう戻れません。しばし堪えたのち、油に浸かっている下の方を箸先でちょっとつついてみて、カサッと乾いた感触があったらようやく裏返して、反対側も同じように揚げていきます。

かけつゆを仕上げる

鍋に［出汁・みりん・醤油］を入れて一度煮立ててから、用意しておいた［なめこ・水気を自然に切った大根おろし・三つ葉］を加え、さっと煮たらかけつゆの完成。豆腐もそ

▼**大根の皮きんぴら**
細切りにした皮をごま油でさっと炒めてから、［日本酒・みりん・醤油］を加えて炒り付ける。辛味は一味（七味）唐辛子で付けると調節しやすい。

ろそろ揚がる頃。

できあがり

豆腐は両面を揚げたら、横にも転がして全面がカサカサッとした感触になれば揚げ上がりです。水切りをほとんどしない豆腐でも、揚げたてはサクッサク。肉や魚の揚げ物と違い、相手はそのままで食べられる豆腐だから、カサッとした衣の感触を目安に引き上げれば、衣はしっかり火が入ってほんのり色付き香ばしく、豆腐は十分な水気を保ったまま芯まで熱々。

揚げたてを器に盛り付け、熱々のかけつゆをたっぷりかけたら、お好みでおろししょうがをたっぷり添えてどうぞ。**大根おろしとなめこが入ったつゆまでが全部食べ物**なので、食べる時には匙があるといい。熱！　でも箸と匙が止まらない驚異のおいしさ。これが年を取ったということか。ならそれもよいかもしれない。

大根の皮はきれいなら［きんぴら］にしておくと、日持ちして無駄なくおいしく食べ尽くせます。さっと茹でてからポン酢漬けにしておくのも、手軽な箸休めにポリポリ小気味よい。店の仕込みでどんなに皮が余ったとしても商品としてはなかなか出せないものだから、こういう料理は家ならではの楽しみだと思う。

旬は上手くできている

牡蠣のオイル漬け

修業をしていた料亭では、時季になると牡蠣を田楽にしたものを一粒、前菜にのせていた。この味噌を大鍋で練るのが大変で、「焦がすなよ！　手止めるんじゃねえぞ！」と親方の声が飛んでくる気の抜けない仕事だった。材料を鍋に入れ火にかけて練る、その味噌を牡蠣にのせて炙る、そこにいくつもの料理の基本があった。にんにくが香るオイルに牡蠣を旨味ごと漬ける「牡蠣のオイル漬け」にも、日々の料理に生かせる基本が詰まっている。

牡蠣のオイル漬けの作り方

〈材料〉作りやすい分量

- むき生牡蠣（加熱用）……………300g
- 塩（牡蠣を洗う塩水用）……………適量※

- 醤油 ……………15g

- にんにく（薄切り）……………1かけ分
- 鷹の爪（輪切り）……………ひとつまみ
- オリーブオイル（エクストラバージン）……………50g〜

※水1ℓに対して10g（1％）ほどを目安に

▼**牡蠣を塩水で洗う**
浸透圧の働きで、真水に比べて牡蠣の旨味が逃げにくくなる。塩水で汚れを落とした後、その塩を手早く水で洗いすぐ調理する。

ワインに日本酒、何でもいけるように、ハーブなどを使わないシンプルなレシピ。水気をしっかり押さえて焼き始め、焼くことで加わる香ばしさと牡蠣から出る旨味を余すところなく生かし切るのが、おいしさのポイントです。

牡蠣をきれいに洗う

ボウルに塩水を作り、牡蠣を入れて軽くかき混ぜるように洗います。はじめに塩水を使うのは、牡蠣の旨味を逃げにくくするため。汚れが浮いてきたら今度は普通の水に入れ替え、塩水の塩気と浮いた汚れを洗い流すイメージで、数回水を替えながら洗います。

日本料理では、牡蠣を洗うのによく大根おろしを使います。大根おろしと牡蠣を混ぜると、おろしが黒くなってきて汚れが落ちている感がばっちり。ただ、お店なら大根をたくさん使うので残っている硬い尻尾などが生かせるけれど、家に大根の「いらないところ」がそんなにあるとは思わないので、塩水洗いで十分です。**大事なのは、牡蠣がすっきり気持ちよさそうに洗い上がること。**

牡蠣の水気をしっかり押さえて、焼く

洗った牡蠣をザルに上げて水気を切り、さらにキッチンペーパーで水気を押さえながら、弱火で少量のオリーブオイルを温めたフライパンに並べていきます。**牡蠣は一度並べたらあまり触らずに、片面ずつじっくり焼いていきます。というより、しばらくは水気が出て**

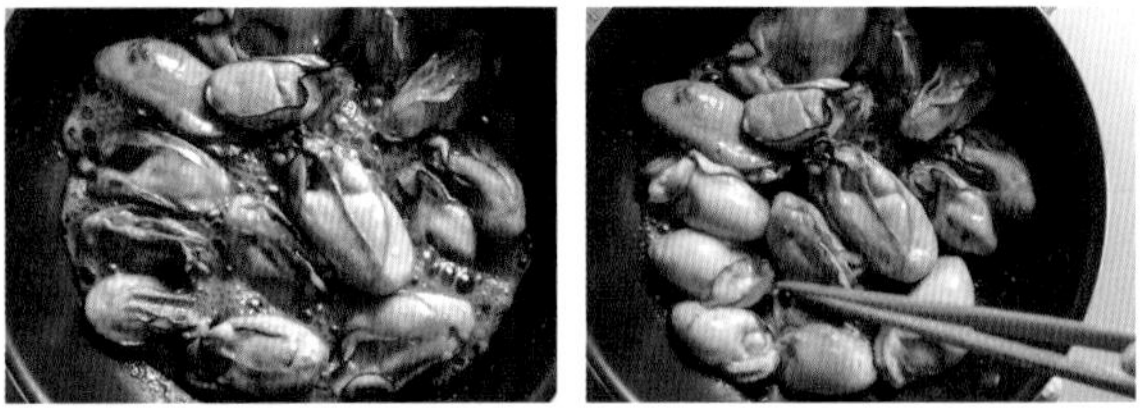

▼水気を拭くのは
素材に余分な水気があると、その水でグズグズと煮るようになって、焼いた香ばしさが付きにくい。「焼きたい」時は水気を押さえるのがコツ。

きて焦げる心配がなく、「必要がない」ので触らなくて大丈夫。油は水より速く高温になるので、素材の加熱を助けるために必ず使います。**必要なものは使うべきところで的確に使う方が、**料理は上手くいきます。

◁水気が減ってきたら、裏返してもう片面を焼く

裏返すともう片面からもまた水分が出てくるので、この水気が少なくなるまでさらに焼きます。一度なくなったと思った水気がまた出てきますが、牡蠣自体の水分は着々と減っている。**「もう飽きた」と急に火を強めたりせず、**ここは一つ堪えてください。

◁裏面の水分も減ってきたら、醤油をからめる

水気がほとんどなくなったら醤油を回し入れ、ゴムベラに持ち替えて牡蠣にからめるようにしながら水分を飛ばします。また一瞬水気が増えてグツグツとしますが、割合すぐとろみに変わるのでそれを牡蠣にからめる。このとろみは、いわばオイスターソース状の牡蠣の旨味なので、もれなくからめたい。

◁水気がなくなったら火入れ終了

とろみを牡蠣にすっかりからませたら、火を止めて冷まします。
実は、火を止めて少し置くとまた水分がにじみ出てくるので、これをもう一度だけ弱火でからめたら今度こそ火入れは終了です。途中「こんなに水気が出てしまって、旨味が抜

けているのでは」と心配になってきますが、引き出した牡蠣の旨味でコーティングするためのじわじわ加熱だったので、**水気はむしろ出てよいのです。**

漬ける準備をする

牡蠣を冷ましている間に、清潔な容器に「にんにく・鷹の爪・オリーブオイル」を入れて準備しておきます。オイルは後から足せるので、はじめは少なめに。

牡蠣の粗熱が取れたらオイルに漬け込む

冷めた牡蠣を容器に加え、軽く混ぜてみてオイルが足りないようなら少しずつ足します。**ここでオイルをたっぷり使えばおいしくなる、というわけでもない**ので、使うオイルは最小限で。混ぜてみた時に「これじゃオイル和えじゃない？」とあまりに少ない感じがしたら足してください。全体が完全にオイルで覆われていなくても問題なく、その代わりに表面にぴったりとラップを貼り付けておくと、きちんと行き渡ります。

牡蠣を食べ切った後に残るオイルは、パンにつけたりパスタにしたり炒め物などで使い切ります。**あくまでそれは残ったオイルの使い道であり、そのためのオイルを作るわけではないということ。**

できあがり

1時間ほど経つと、にんにくの香りも移って、もうオイル漬けの雰囲気が楽しめます。

冷めたら冷蔵庫へ。いつも牡蠣の表面をきっちりラップで覆っておけば1週間ほどは日持ちしますが、作ったそばからすでにおいしいので、**新鮮な牡蠣でこまめに作ることをぜひおすすめします**。

作って食べて作って食べて、飽きる頃を見計らうように時季も終わって、次食べる時にはもう飽きたことさえ忘れているのだから、旬というのは本当に上手くできている。

ちょっと手を加えて、もう一品

牡蠣の旨味とにんにくの香りが移るオイルで、まだ楽しみは続く。ガーリックトーストにすると最高のワインの供に。また、牡蠣の粒も一緒にパスタにすれば、それもご馳走。

ガーリックトーストは、冷たいフライパンにオイルとにんにくを入れて弱火にかけ、バゲットを並べる。にんにくが色付いてきたらバゲットを裏返し、バターを加えて行き渡らせるように溶かしてできあがり。仕上げにパセリがあると美しい。

パスタにするなら、フライパンにオイルを入れて温め、茹で上がったパスタと茹で汁（50〜60g）を加えて中火で熱しながらからめます。隠し味に生クリームをほんの少し加えても、コクが増して美味。牡蠣のオイル漬けと、あればパセリを多めに加えてできあがり。**もうそのまま食べられる牡蠣の粒は、仕上げに加えて温める程度で十分です**。

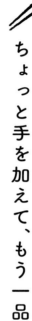

材料｜ガーリックトーストの

〈材料〉1～2人分

- 牡蠣を漬けたオイル……15g～
- にんにく(みじん切り)……½かけ分
- バター……5g
- バゲット……4～6枚

材料｜牡蠣のパスタの

〈材料〉1人分

- 牡蠣のオイル漬け……3粒～
- 牡蠣を漬けたオイル……20～30g
- スパゲッティーニ……100g～(約1%の塩を加えた湯で茹でる)
- パセリ……10g(みじんり)
- 生クリーム……適宜

秋ってなんだかおとなっぽい

秋刀魚の炊き込みごはん

炊き込みごはんは、おかずいらず。白飯ならそれを誘う味のおかずが欲しくなるけれど、ごはんを炊く時に具を一緒に入れて同時に調理し、その素材から出る旨味を全部ごはんに吸い込ませる炊き込みごはんは、調理法として大変合理的。具がシンプルでも十分おいしく、具沢山ならより嬉しい。醤油味が行き渡った具なしの茶飯だけでも満足。炊ける間の湯気のにおいと炊きあがりの蓋を開ける瞬間の歓喜を味わえるのは、自作の特権。

秋刀魚の炊き込みごはんの作り方

〈材料〉2〜3人分

- 秋刀魚……2尾
- 塩……適量

- 米……1.5合（225g）
  （洗ってからザルで水気を切っておく）
- 出汁……300g※
- 日本酒……15g
- 醤油……18g
  （あれば薄口醤油10g＋濃口醤油8gで合わせて使用）
- しょうが……20g
  （皮をむいてみじん切り）

- 青ねぎ……5〜7本（小口切り）
- すだち……適宜

※鍋で炊く時の目安の分量です

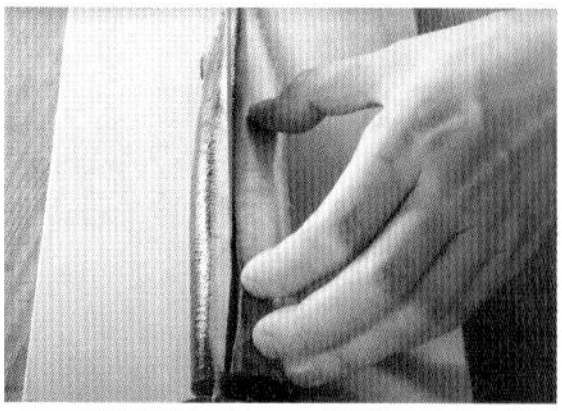

▼魚を焼く時は
魚焼きグリルで焼く。フライパンの場合は油を使わずクッキングシートを敷いて焼くと、焼き魚らしい焼き色が付けられる。

秋刀魚をワタごと丸ごと炊き込む、おとなっぽい味わいの炊き込みごはん。近年秋刀魚が不漁で、丸々太って脂ののった立派なものは高値で中々手が出にくいけれど、小さめで手頃なものが手に入れば、あえて塩焼きだけではない秋刀魚料理のおいしさも楽しみたい。

秋刀魚を焼く

秋刀魚は鍋に入れやすいように頭と尾を落としてから、骨に沿って真ん中あたりにまっすぐ切り込みを入れ、長さを半分に切ります。**ごはんと一緒に炊いてから骨を除くので、あらかじめ太い骨に沿って切り込みを入れておけば後で取りやすい。**両面に軽く塩を振り、こんがりと焼いていきます。

実は昔は秋刀魚のワタが苦手で、塩焼きもまずワタを取ってから焼いていた。それが、ある時、まな板も汚れることだし「ワタの味は身に移るけれど、そのまま焼いて食べる時に避ければいいか」となり、そのうち「まあ、食べればいいか」となり、今ではすっかり好物になった。先に除くも食べるも、ワタの扱いはお好みでどうぞ。

焼き魚として食べるなら、ワタまでしっかり火が通っているかを気にしますが、この後また火が入るので、表面がよい色になればこの料理の場合あまり気にしなくて大丈夫です。

米を炊く準備をする

秋刀魚を焼いている間に、［洗ってザルで水切りした米・出汁・日本酒・醤油］を鍋に入れておきます。醤油は色・味共にすっきりの薄口醤油をベースに、焼き魚に醤油をかけ

▼鍋のお米の炊き方は？
海南鶏飯の「鍋のお米の炊き方」（P99）を参照。

るイメージで濃口醤油も合わせて使用しています。もちろんどちらか1種類でも大丈夫。私はいつもごはんを鍋で炊いていますが、炊飯器の場合は調味料を入れて出汁の量で水加減してください。**炊き込みごはんは味の決め方が少々難しく感じるところですが、1回決まりさえすれば具材が変わっても基本は毎回同じで、そうなると急に簡単な料理に思えてくる。**秋刀魚には焼く時に振った塩でほんのり下味が付いているので、ごはんもごはんだけで食べておいしい味加減を目指して、それが炊きあがりで合わさり、ちょうどよくなるイメージ。濃くしすぎると炊いた後に引くことはできないので、やや薄めから探っていくことをおすすめします。

秋刀魚が焼けたら、ごはんを炊く

秋刀魚にいい焼き色が付いたら、鍋にしょうがのみじん切りを加え、その上に焼いた秋刀魚をのせて蓋をして中火にかけます（炊飯器で炊く場合は、普通に炊飯してください）。ワタも一緒に炊き込むごはんには、**青魚の臭み消しとして定番のしょうがの香りをガツンときかせる**と、風味が重なることでよりおいしさが増す。ごはんを炊いている間に、薬味の青ねぎもたっぷり刻んでおきます。

炊けたら、秋刀魚の骨を取り除く

水分がなくなってごはんが炊けていれば火を止め、秋刀魚の骨を取り除きます。入れておいた切り込みから身を開き、まず一番太い骨をするっと取る。厄介なのがワタを包んで

▼秋刀魚の骨を取る時は
秋刀魚だけを別皿に取り出すと作業しやすく、その間ごはんを蒸らしておけば仕上がりもちょうどよくなる。

いる腹骨で、細かくて取りにくいけれどお箸を上手く使いながら丁寧に根気よく。**ここで頑張っておけば、後でおいしいごはんが食べられます。**多少残ったとしても「骨があるかも」と自分が気をつけながら食べればよいだけ。硬そうなヒレなども一緒に除いてください。

できあがり

骨を除いた秋刀魚の身をごはんに戻し、刻んだ青ねぎと一緒に秋刀魚の身をほぐしながら混ぜ込みます。彩りにさらに刻みねぎをあしらい、焼き魚にあると嬉しいすだちが、このごはんにも嬉しい。香り立つしょうがとねぎの香味に、すだちの爽やかさと酸味が、ワタの風味を和らげながら引き立ててもくれる。もしも味が濃ければこうして柑橘を絞ったり混ぜ込む薬味を増やしたり、薄ければ漬物を添えたり、ある程度は何とかなる。**その時おいしく食べる工夫と次に繋げることは、同じくらい大事。**

しみじみついでに、ぜひ試してみてほしいのが〆出汁茶漬け。［塩・薄口醤油少々］で薄く味を付けた出汁を熱々に沸かして、わさびをたっぷり添えたごはんにかける。ごま、刻み海苔などもたっぷり。炊きたてとは全く趣の違うおいしさにびっくりして、〆といいつつここにきて思わずお茶漬けをおかわりしてしまう。胃も温まって秋が染みわたる。

一年の実りが一気に満ちる秋。今年は秋刀魚がどうだとか、新米が出たとか、ひやおろしの味とか。移ろいゆく季節の儚さまで全部楽しみたい。秋ってなんだかおとなっぽい。

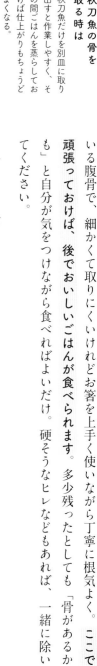

まさにポタージュ

豚汁

初めてまかない係をやったのは、日本料理から洋食に転向して入ったレストランで、駆け出しコックの私がシェフの口に合うレベルの料理を作れるはずもなく、ひたすら小言を喰う毎日の苦い経験だった。やがてシェフのお気に召す献立を考えるのにも疲れ果てた頃、私を救ってくれたのは、ただ自分が食べたいという思いだけで作った豚汁だった。

豚汁の作り方

〈材料〉2〜3人分

- 玉ねぎ……1個（300g）（横半分に切ってから、くし形切り）
- にんじん……½本（100g）（縦¼にしてから7㎜厚さの斜め切り）
- ぶなしめじ……1パック（石づきを取りほぐす）
- にんにく……1かけ（薄切り）
- 豚バラ薄切り肉……250g（しゃぶしゃぶ用薄切りを使用）

- 水……500g〜
- 日本酒……30g
- 味噌……60g〜

- サラダ油……適量
- 塩……ひとつまみ

- 青ねぎ……適宜

▼野菜に汗をかかせる（スエ）

シュエとも。野菜の水分を引き出すように時間をかけて炒めるフレンチの技法。塩または蓋をして、弱火でじっくり甘味を引き出す。

野菜をじっくり炒めて甘さを引き出すのが一番のポイント。フランス式のポタージュ（スープ）の作り方の応用で、**出汁を使わなくても旨味が溢れるスープになります**。具材は多めにした方が、鍋の中の旨味もたっぷりになってよりおいしい。

玉ねぎを炒める

鍋にサラダ油を中火で温めて玉ねぎを入れ、塩ひとつまみを振って炒めます。玉ねぎは具としての存在感も欲しいので、私はいつも長さを横に半分に切ってからくし形に切っています。ここで振る塩は、玉ねぎの水分を早く引き出し、旨味を凝縮させるためのもの。味付けではないので、ごく少量で働いてくれます。

こうして**野菜に汗をかかせるようにゆっくり炒めて旨味を引き出す**のはフランス料理の技法の一つ（スエ）で、ポタージュの多くは香味野菜をじっくり炒めることから始まります。かさが減ってきたら火を少し弱め、他の具材を準備しつつ時々混ぜながら10分ほどかけて炒めていきます。

他の具材を順に加え炒める

次ににんじんを鍋に加え炒め合わせます。縦1/4に棒状にしてから7㎜厚さの斜め切りにすると、少し洒落たニュアンスが加わる、私のお気に入りの切り方。玉ねぎの甘さで焦げやすくなってきているので、時々鍋底からしっかり混ぜながら、透明感が出るまで5分ほど炒めます。続いて「ぶなしめじ・にんにく」を加え、きのこのかさがぐっと減るまでさ

らに炒めます。にんにくは切り方や加えるタイミングによって全く違った効果を使い分けられる食材で、**にんにくの風味をぐいぐいと前に押し出さない使い方**がフランス流。このタイミングで足すことで、穏やかな香りと旨味が加わります。

きのこはぶなしめじ以外でも、お好みのもので。椎茸・えのき・舞茸などいくつか組み合わせるのも、深みが出ておすすめ。ただし種類を問わず、見た目の量で玉ねぎと同じくらいを目安に、たっぷり使うことがポイントです。

玉ねぎ〜きのこまで、炒めだけで約20分。でもその間に「野菜を切って・炒めて・次の具材を準備して」と、自分にとっての必要な時間でもあるはず。ここまでくれば、できあがりはもうすぐそこです。

軽く煮る

きのこがしっとりし、鍋の中に一体感が出てきたら、水を加えて中火にして沸くまで待ちます。軽く混ぜながら、**鍋の内側に付いた野菜の旨味と甘味をしっかり溶かし込んで**ください。日本酒を加え、汁が沸いてきたところに豚肉をほぐしながら加えます。私は、じっくり炒めた野菜と食感がよくなじむしゃぶしゃぶ用の薄切りを使うことが多く、柔らかくて食べやすいので切らずにそのまま加えています。普通の薄切り・細切れ・切り落とし、部位がモモ・肩の時もあります。**お肉を入れてからは長い時間煮込まない**ので硬くならず、それぞれの雰囲気でとてもおいしくなります。

できあがり

再度煮立ってアクが気になれば軽く除いて、味噌を溶き入れ完成です。**肉は野菜の出汁でさっと煮て、肉そのもののおいしさと味噌の香りを楽しむイメージ。**好みで刻んだ青ねぎや七味唐辛子を添えて。おろししょうがも合います。

野菜の甘さが全体を下支えして、そこにきのこの香り、にんにくの旨味、メインの豚肉と味噌のおいしさが重なって、水だけで煮たとは思えない奥行きのある味わいに。野菜の甘さからくるぽってりとした雰囲気も、まさにポタージュ。

いつも店にある野菜と切り落とし肉。そこにフレンチの技法を取り入れてみると、イメージ通りの一工夫あるおいしさに仕上がった。もしこの豚汁がなければ、そのうち料理がすっかり嫌になっていたかもしれない。修業時代を共に戦い、私に小さな自信を授けてくれた、かけがえのない盟友です。

雑記

鯉のシャンボール風

フランス料理の店で働き始めた頃、料理の専門書で「カルプ・ア・ラ・シャンボール（鯉のシャンボール風）」という料理に出くわし、とても混乱した。まず「フランス人も鯉を食べるのか」という単純かつ新鮮な驚き。さらに、日本では甘辛い醤油味でこってり煮付けたり、「洗い」にして酢味噌でさっぱり食べる鯉を、その料理は「お腹に詰め物をして赤ワインで蒸し煮」にするという。「肉には赤・魚には白」という刷り込みから抜け切れていなかった当時の私は、「魚を赤ワインで蒸す」という調理法にショックを受けた。

それから10年後、ソムリエ資格試験の教本の中で、私はこの料理と再会し、そして、ワインを通して「鯉のシャンボール風」を少しだけ理解できた気がした。フランス中西部・ロワール地方に位置する「シャンボール」。フランス最長の河川・ロワール河がもたらす豊かな自然環境が作る良質なワインと、河で獲れる滋味を蓄えた魚が、そこに暮らす人々の日常と共にある。そんな風景が想像できた。料理に使ったワインと飲むワインの色を合わせて楽しむ食事は、間違いない。すると急に、それまで遠かった「鯉のシャンボール風」がぐっと近づいてきて、赤ワインと合わせて食べたくなった。

「おいしいか、まずいか」でも「合うか、合わないか」でもなく、今、目の前にあるものを「どう生かして、どう楽しむか」。識る目的は決して「批評のため」ではないということ。いつどの場面でも大切な気付きを与えてくれたワインに感謝している。

四章

【ふゆ】

冬

熱・潤い・滋味。
自然に求める感覚を
十分に満たすのが、冬の幸せ。
素材の力を信じて、
ありのままに
委ねるのが良。

P.186

小松菜の餃子

P.191

キャラメル タルト・タタン

P.196
木須肉

P.201
ひっぱりうどん

旬を知る

小松菜の餃子

長年通う店でいつもの担々麺を注文すると、小松菜がすっとあしらわれてやってくる。赤いスープにくっきりと浮かぶ緑をつまみ上げ、口に運ぶとその柔らかさと甘さが本格的な冬の到来を教えてくれる。東京が主産地の一つでもある小松菜は、通年手軽に買える野菜なので、旬を意識する瞬間は少なくなっているけれど、本来は冬がおいしい。

小松菜の旬を知り、熱い麺を食べながら次に考え始めるのは、明日作る餃子のこと。

小松菜の餃子の作り方

〈材料〉大判の皮26個分

・餃子の皮（大判）……26枚

・小松菜……150g（小口切り）
・塩……2g

・ニラ……50g（小口切り）
・にんにく……20g（細かいみじん切り）
・しょうが（すりおろし）……20g

▶**肉ダネ**
・豚ひき肉……200g
・片栗粉……20g
・日本酒……20g
・サラダ油……10g
・ごま油……10g
・醤油……10g
・砂糖……5g
・鶏がらスープの素……5g
・卵……1個

・片栗粉……適量（餃子の底面に付ける）
・サラダ油……10g
・ごま油……10g

・酢・醤油・ラー油・からし……各適宜

餃子に使う野菜は［キャベツ派・白菜派］が定番のところを、私はあえて［小松菜派］。同じアブラナ科の野菜の中でも、**軽くて形も刻みやすい断トツの扱いやすさ**が魅力。濃い緑色が熱に強いところもまた素敵で、蓋を開けた瞬間目に入る、皮に透ける緑の美しさにすべてが報われます。ひき肉と野菜は等量を目安にすると、旨さと軽さのバランスが絶妙。

▼**香味野菜は切り方次第**
香味野菜は「薄切り・千切り・叩き・みじん切り・すりおろし」など、切り方が小さく細かくなるほど風味が強く感じられるようになる。

野菜を刻む

小松菜は、茎と葉にまず切り分けて、茎は薄く小口切りに。葉は幅を2〜3つに切ってから同じく小口から刻み、ボウルで茎と一つに合わせて塩を混ぜ、5分ほど置きます。ニラも小口切り、にんにくは細かいみじん切り、しょうがはすりおろして準備。にんにくとしょうがの形状を変えているのには意味があって、**両方みじん切りまたは両方すりおろしにすると、できあがりの印象にかなりの違いが出ます**。

にんにくはとても旨味がある香味野菜で、私は量をたっぷり入れたいので、すりおろしに比べて香りの立ち方が穏やかなみじん切りを選択。しょうがは油を切るような爽やかな後味を加えるためにこちらもたっぷり入れたいので、噛んだ瞬間に香りが一気に弾けるみじん切りではなく、全体に風味が行き渡るすりおろしを選択。私はにんにくもしょうがも確かに存在しながら突出せず、肉ダネの味を引き立ててくれるバランスが好み。その場合**「にんにくはみじん切り・しょうがはおろし」が最良**。こうしたほんの少しの違いが、自分好みの味を作る芯の部分になります。

肉ダネを練る

ボウルに肉ダネの材料をすべて入れ、「にんにく・しょうが」も加えてよく練り混ぜます。はじめは、にゅっにゅっと握るようにして液体をなじませてからこね始めると、早く均一に混ざります。調味料がなじんだら、ぐるぐると白っぽくなるまでしばらく練り混ぜ、そこへ「水気を絞った小松菜・ニラ」を加えて、野菜が行き渡る程度に軽く混ぜ合わせたら肉ダネのできあがりです。

小松菜は、絞るといってもぎゅうぎゅうと強く絞らずに、ふんわりと小松菜自身のおいしい水気を適度に残すように。**軽く水分を減らして加えることで、野菜の旨味が濃く味わえる肉ダネになります。**

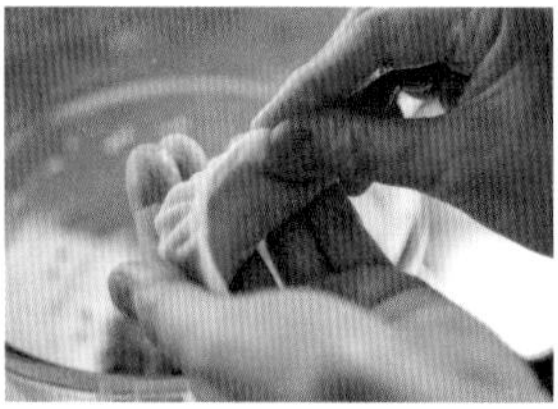

皮で包む

餃子の皮に肉ダネをのせ、皮の縁に水をつけながら閉じて形を整えます。タネの量は皮の枚数や大きさによっても変わるので、はじめは量を気にしながらいくつかやってみると、段々とタネの適量が掴めてきます。

私は右側からひだを寄せていくので、まず左手に皮をのせて、皮の中央よりやや右寄りにタネを置き、右手の指で皮の縁にぐるっと水を付けます。次に皮を軽く半分に折って、左の人差し指で奥側の皮を軽く右に突いて寄せ、その皮を右の人差し指と親指で受けて挟み、ぎゅっとくっつける。この動きを5～6回繰り返して、ひだを作りながら閉じていき

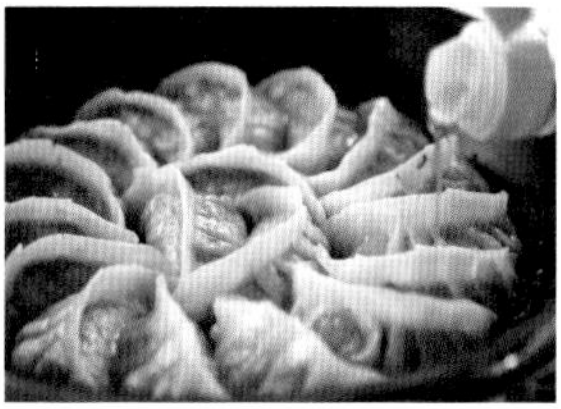

▼包みやすさは皮によっても異なる

「餅粉入り」の皮は比較的柔らかくて伸びがよいので、肉ダネをたっぷり入れても包みやすい。モチッとした食感の焼き上がりになる。

ます。端まで閉じたらひだの上からやさしく押さえて、形を整えましょう。

餃子の包み方は結構個性が出るもので「手前側にひだ派」や、途中で持ち替えて「両側からひだ派」など様々ですが、私はこのように「右から、向こう側にひだ派」です。慣れるまでは形がなかなか揃わないかもしれませんが、一度餃子を作ると皮の枚数分は包む動きを反復することになるので、終わる頃には慣れてきます。何事も終わる頃に上達するのが世の常。

はじめは肉ダネの量を欲張りすぎずに、やや控えめに包むのがコツ。慣れれば次第にぎっしりと包めるようになります。

焼く

フライパンにサラダ油を弱火で温め、片栗粉を小皿に出し餃子の底面にポンポンと薄く付けながら、餃子同士がくっつきすぎないように適度に隙間を空けてフライパンに並べていきます。中火にして水を適量（100gほど）回し入れたら、蓋をして6〜7分を目安に蒸し焼きにします。**焼く前に付ける片栗粉は、焼き上がりに香ばしさを加えるお守り。**蒸し焼きにする間に水に溶け、「羽」とはいかないまでも薄くパリパリッと固まって、素敵な焼き上がりになります。

蒸し終わったら蓋を取り、水気があれば飛ばしてからごま油を軽く回しかけ、底面に焼き色を付けるためにさらに3分ほど焼いていきます。皮から透けて見える、小松菜の緑にときめく。

できあがり

端をめくってカリッとした硬さと黄金色の焼き色を確認したら、底が見えるように皿に盛り付けて完成です。片栗粉のお守りがきいて、バリッと香ばしい焼き上がり。熱々を頬張ると、ほとばしる肉感とぎゅっと詰まった緑野菜の甘味、にんにくの旨味がガツンときた後に、しょうがでさっぱりと後味が切れ、箸が止まらない。

小松菜は声高な主張はしないけれど、この餃子の旨さを間違いなく支えている。肉ダネにしっかり味を付けてあるので、多めの酢に醤油を垂らすくらいの酢醤油がちょうどよい。ラー油、からしなど、好みの調味料を添えて次々にどうぞ。冬の熱い餃子と冷たいビールの組み合わせも乙。

同じ店に通い同じものを食べ続けると、丼に浮かぶ小松菜からでも旬の巡りがよくわかるようになる。いつも変わらずその場所にあり、季節の揺らぎを感じさせてくれるお店が私は好きです。

食べ切りサイズ、しっかり甘め。

キャラメル タルト・タタン

「これ、故郷から送られてきたからお裾分け」と、季節の果物をいただくことがある。やはり産地から直接届くものは鮮度が抜群で、味も姿も美しい。まずそのままの瑞々しさを味わうのが王道。多めに頂戴した時はお菓子作りも新鮮。加熱して食べるにしてもフレッシュなうちが味のメリハリがあり、とてもおいしい。りんご1個から一人分ずつ小さな型で作る「タルト・タタン」は、こぢんまりとしたかわいらしさが大のお気に入り。

キャラメル タルト・タタンの作り方

〈材料〉
直径6.5×高さ4cmのプリンカップ2個分

▶キャラメルりんご
- りんご……400g（1.5〜2個）（皮と芯を除いた重さ）
- 砂糖……25g
- 塩……2g
- 生クリーム……20g

▶クッキー生地
- 薄力粉……50g
- バター……20g（常温で柔らかくしておく）
- はちみつ……10g

- 生クリーム（残りの生クリームに砂糖を加えて泡立てる）、アイスクリーム……各適宜

▼タルト・タタン
フランスのりんごのタルト。りんごを型に詰めパイ生地をのせてオーブンで焼き、りんごが上に来るようにひっくり返して盛り付けるのが特徴。

▼生地を冷蔵庫で休ませると
粉と水分がなじんで生地が扱いやすくなる。冷やすことでバターが締まり、型抜きした形を保ったままサクッときれいに焼き上がる。

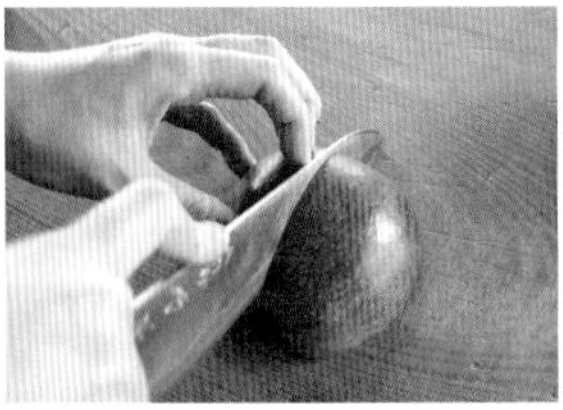

炒めたりんごをオーブンでじっくり焼き上げるデザート［タルト・タタン］。深みのある濃いカラメル色の仕上がりが、おいしさにつながる特徴の一つ。食べすぎる心配がない食べ切りサイズは、その分「しっかり甘め」に作るのがポイント。型に詰めたりんごとクッキー生地をそれぞれ焼いて後で組み立てるので、焼き上がりの見極めもシンプルです。

クッキー生地を作る

ボウルにクッキー生地の［薄力粉・バター・はちみつ］を入れてスプーンで混ぜ合わせ、粉にバターがなじんでしっとりしてきたら、生地をラップでぴっちり包み、冷蔵庫で1時間以上休ませます（一晩ほど置いても）。スプーンを使うのは、できるだけ練らないように混ぜるため。溶けたバターで粉を練るのではなく、粉の中にバターを散らすイメージで手早くなじませると、サクサクッとした焼き上がりになります。

混ぜ上がりはポソポソとして崩れやすく不安になりますが、休ませている間に自然になじんでまとまってくるので大丈夫です。

りんごを炒め、煮る

◁砂糖を焦がす（カラメル化させる）

りんごはくし形に切り、皮と芯を除きます。砂糖をフライパンの底全体に広がるように振り入れ、その上にりんごを並べて弱火にかけます。そのまま触らずに3分ほど待つと、熱で砂糖が溶けて徐々に色付いてくる。ここで砂糖をしっかり焦がして茶色く色付かせる

▼カラメルとキャラメル
カラメルは砂糖を焦がして作る着色物質（水を加えるとカラメルソースに）。カラメルに生クリームを加えたものはキャラメルと呼ばれる。

ことが大切で（カラメル化）、**この焦がし具合が仕上がりのおいしそうな色と香りにそのまま繋がるので、やや黒みがかった茶色になるまで**焦らずしっかり加熱します。

私はお菓子作りの砂糖にも、普段の料理と同じ［てんさい糖］を使っています。

◁りんごの水分でカラメルを溶かす

砂糖の焦げる甘い香りが強くなってきたら、りんごに塩を振って大きく混ぜ合わせます。塩によってりんごから引き出される水分で、カラメルを溶かしてりんごにからめ、茶色い色がりんご全体に行き渡ったら、蓋をして弱火で約10分煮ます。

◁生クリームを加えて仕上げる

10分後、蓋を開けて水分を飛ばします。鍋肌が軽く焦げ始めたら生クリームを回し入れ、りんごにからめるように混ぜ合わせたら煮上がりです。生クリームを加えることによって、カラメルの苦味と乳製品のコクが混ざり合い、うっとりするようなキャラメル味でりんごがツヤッと包まれる。あまりのおいしさに味見でなくなってしまわないように気をつけてください。

オーブンで焼く

◁クッキー生地を型抜きする

オーブンを170℃で予熱しながら、冷やしておいたクッキー生地を5㎜の厚さを目

▼りんごは型いっぱいより少なめに

焼く途中で沸騰したりんご汁が溢れてしまう場合があるので、型に詰めるりんごの量は型の縁から少し下の高さまでにしておきます。

安に麺棒で伸ばします。台にクッキングシートを敷いて生地を置き、生地を包んでいたラップで上から挟んで麺棒で伸ばすとベタベタくっつかずに扱いやすく、そのクッキングシートをそのまま使って焼けば無駄がありません。生地が伸ばせたら、りんごの型に合わせて型抜きして、余計な部分はよけておきます。私はオーブンでも使える耐熱ガラス製のカップを型としてよく使うので、そのカップの縁でクッキー生地を型抜きしています。

◁キャラメルりんごを型に詰める

型の内側に薄くバター（分量外）を塗り、りんごを底から詰めていきます。できるだけ隙間ができないように、スプーンの背中で押して平らに整えながらきちっと詰めておくと、焼き上がりの形もきちっと整います。耐熱ガラスはこういう時に中が見えるので助かる。

オーブンの予熱が完了したら、型抜きしたクッキー生地と型を同じ天板にのせて、まずは同時に20分焼いていきます（よけておいたクッキー生地も、端で一緒に焼いて、つまんでください）。

クッキーを先に取り出し、りんごはさらに焼く

クッキーにおいしそうな焼き色が付いたら、クッキーだけを先に取り出し、温度を200℃に上げて、りんごだけをそのままさらに20分焼き続けます。途中で、りんごが型より上にブワッと膨らみますが、焼き終わるとちゃんと戻るので心配ありません。

冷まして、冷やす

りんごのカラメル色がもう一段深さを増して、透明感が出たら焼き上がりです。火傷に気をつけながらオーブンから出して、そのまま自然に冷まします。粗熱が取れてから、さらに冷蔵庫でしっかり冷やすことも重要で、温かさが残るうちはまだ崩れやすく型から上手く抜けません。冷蔵庫に移して3時間以上、できれば翌日まで冷やすのが理想的。クッキーは湿気らないように密閉容器に入れ、常温保存。

できあがり

りんごが冷えたら、型の内側にナイフなどを差し込み、崩さないように丁寧に型から出して、クッキーにのせたら完成です。組み立てる前にクッキーに生クリームか牛乳を薄く塗ると、しっとりしてより食べやすくなります。透き通るような琥珀色の焼きりんごは、カラメルのほろ苦さと生クリームのコクが溶け合い、なめらかで落ち着きのある味わい。果実らしい充実感が感じられる素朴な甘さに、一口ごとにうっとり。ホイップした生クリーム（残りの生クリーム100gに砂糖6〜8gを加えて泡立てると、甘さのバランスがちょうどよい）やアイスクリームを添えると、かわいらしい佇まいと広がる濃厚な風味に再びうっとり。一度冷やせばぎゅっと締まって崩れにくくなるので、紙やフィルムで簡単にラッピングして手土産にも。

果物はすでに完成品。そのおいしさと美しさに委ねれば、たまのお菓子作りも安心です。

躍動感に違いが出ます

木須肉《ムーシーロー》

「きくらげ」というのはかなり独特な存在で、何といってもその持ち味は、大して味はしないのにやたらと力強い色と歯触り。水で戻すとびっくりするほど膨らむところもおもしろく、私の好きな乾物の一つ。個性を存分に生かして卵と合わせる中華風の炒め物［木須肉《ムーシーロー》］は、主張の強いきくらげの黒とコリコリとした食感が、卵のやさしい黄色とふんわり感を一層際立て、見ても食べても作っても、弾むような楽しいおいしさがある。

木須肉の作り方

〈材料〉2人分

- 豚もも薄切り肉 ……… 150g（3cm幅に切る）
- 塩 ……… 1g
- 片栗粉(1) ……… 5g

▶卵液

- 卵 ……… 2個
- 水 ……… 20g
- 塩 ……… 1g
- 片栗粉(2) ……… 5g

▶合わせ調味料

- 水 ……… 50g
- 鶏がらスープの素 ……… 2g
- 紹興酒（日本酒でも） ……… 15g
- オイスターソース ……… 15g
- 醤油 ……… 5g
- 酢 ……… 5g
- 砂糖 ……… 3g
- にんにく（すりおろし） ……… 3g
- 黒こしょう ……… 多めに

- きくらげ（乾燥） ……… 8g（水に浸けて戻す）
- ほうれん草 ……… 50g（4cm長さに切る）
- 長ねぎ ……… 1本（2cm幅の斜め切り）

- サラダ油 ……… 20〜30g
- ごま油 ……… 3〜5g

▼きくらげは水で時間をかけて戻す
水に浸け冷蔵庫で一晩～1日ほど置くと、ふっくら大きく戻る。10倍程度の重さに膨らむので、戻し時間の逆算と量に注意が必要。

きくらげをおいしく料理するためのポイントは「水に浸したら冷蔵庫で長めに時間を置いて、しっかりと戻す」こと。生き生きと蘇り、料理の躍動感に違いが出ます。この料理に使うきくらげは、大きく厚みのあるものよりも、いかにも薄そうな細かいものの方が他の具材とよくなじむので、おすすめです。

きくらげを水に浸けて戻す

きくらげを容器に入れて、きくらげが浸る水を注ぎます。水を含むと大きく膨らむので、容器のサイズは少し余裕のあるもので。ラップをして冷蔵庫に入れ、そのまま1時間～1日置いてしっかり戻します。

乾物の戻し時間を短縮する方法として「お湯で戻す」がありますが、パッケージの表示をよく見ると、それはあくまで「お急ぎの場合」。乾物全般に言えることですが、やはり水を基本として**時間を惜しまず戻す方がおいしい**と私は感じます。きくらげ料理を作ると決めたら、ぜひこの戻し時間をはしょらずに、時間を逆算して水に浸けるようにしてください。そもそも味がほとんどないので、長い時間水に浸けても風味が抜ける心配もなく、その間じっと見ている必要もありません。

豚肉に下味を付ける

豚肉を3cm幅に切って［塩・片栗粉⑴］を振り、箸で混ぜてなじませておきます。ここで肉にまぶす片栗粉は、この料理の重要な伏線。**炒める間に水分と出会って緩やかに溶け、**

▼豚肉の片栗粉がとろみになる

仕上げに水溶き片栗粉で一気にとろみをつけるよりも変化が穏やかで、仕上がりが安定します。汁気が少ない炒め煮の場合に特に有効な方法。

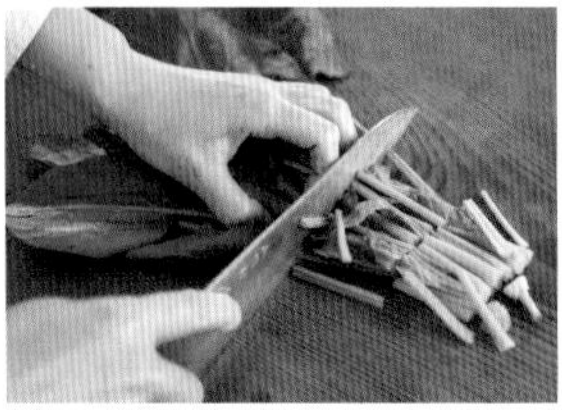

そのとろみが料理全体をまとめる役割を果たします。

片栗粉や小麦粉といったでんぷん質のものは、甘く見ると痛い目に合う場合が多いので、分量は計って加えてください。

「卵液」と「合わせ調味料」を合わせておく

ボウルに卵液の材料を入れ、よく混ぜ合わせます。**卵液に加える片栗粉は、卵の水分を留める役割。**これを入れることで加熱してもパサつかず、つるんと柔らかな食感に仕上がります。

別の器に合わせ調味料の材料をすべて入れ、混ぜ合わせておきます。一瞬気後れするほど調味料の種類が多いように感じますが、よくよく見ると割となじみのあるものばかり。**あらかじめ合わせて準備しておけば、慌てることなく、安定したおいしい味付けができます。紹興酒を使うと、オイスターソースとの合わせ技で、ぐっと本格的な雰囲気になるのでおすすめです。**

他の具材を準備して揃える

きくらげは触って固い部分があれば除き、大きければ3cm角ほどに切ります。長ねぎは2cm幅にころころと斜めに切り、ほうれん草は4cm長さに。これですべての材料が揃い、いよいよ炒めて仕上げていきます。

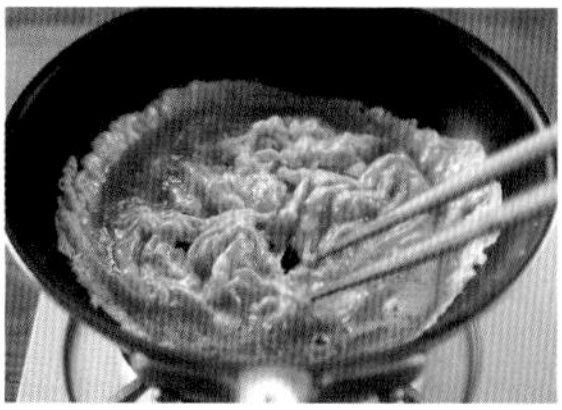

▼材料を足すタイミング
脂の少ないもも肉は、肉の色が完全に変わる手前で次の材料を加えると、パサつかずしっとり仕上がる。

炒める

◁卵を炒めて取り出す

フライパンにサラダ油（約15g）を中火で温め、油が水のようにさらさらと動くくらいまでしっかり熱してから、［卵液］を今一度よくかき混ぜて一気に加えます。周りから固まってくるので、固まった部分を中へ中へと集めるように、ざっくりざっくり混ぜながら焼いていき、表面が半熟状になったら元のボウルに一度取り出します。

この料理は卵とじではなく、あくまで「卵は具材の一つ」。**こうして先に加熱して固めておくと、他の具材と混じらず見た目も味もきれいな仕上がりに**なります。

◁他の具材を炒める

ここからは順に材料を足しながら仕上げていくので、**どの材料もすぐに手に取れるように確認してから炒め始め**ます。

同じフライパンにサラダ油を少し足して［長ねぎ］を入れ、あまり触らず焼き色を付けるように炒めます。長ねぎを寄せて場所を空け、そこへ［豚肉］を入れてほぐしながら炒め、肉の色が半分ほど変わったら、［きくらげ・ほうれん草］の順に加えてさっと炒め合わせます。

材料を足す時に油が足りないと感じたら、都度少しずつ足してください。**中華風の料理は油の量が気になるところですが、控えすぎると同時においしさも控えめになりがちなの**

で、**適度に使うことが大切**です。

◁合わせ調味料を加える

少し火を強めて［合わせ調味料］を加え、肉にまぶした片栗粉を溶かすイメージで大きく混ぜながら、煮立ててとろみをつけていきます。

できあがり

汁気が減り、軽くとろみがついてきたら、炒めておいた卵を戻し、ざっくりほぐして炒め合わせ、香り付けのごま油を回し入れて完成です。卵を先に炒めておいた一手間で、卵の黄色ときくらげの黒、長ねぎの白、ほうれん草の緑もくっきり。

大まかに箸で掴んで口に入れると、つるりとした卵の舌触りから、コリッコリのきくらげの歯触り、野菜のしっとり感と、様々な食感が次々押し寄せ、親しみを覚える少し甘めの醤油風味が食欲を後押ししてどんどん食べられる。まずはビールで、次は料理に使った残りの紹興酒で。

油のおいしさと、出汁のおいしさ。たくさん食べたい日と、軽めがよい日。何事もメリハリがある方が、それぞれのおいしさや楽しさがくっきり際立ちます。

混ぜて崩して ひっぱって

ひっぱりうどん

パスタに「乾麺と生麺」があるのと同様に、うどんにも「乾燥うどんと生うどん」がある。別に優劣の話ではなく、背景には聞けば納得の、その土地ならではの環境や食文化があるもの。山形の内陸部で盛んに食べられている「ひっぱりうどん」も、山の長い冬を乗り切る知恵として考えられた物語のあるうどん料理で、これには必ず乾麺を使う。この料理を知ってからは、家に乾燥うどんと鯖缶の買い置きを切らしたことがない。

ひっぱりうどんの作り方

〈材料〉1人分

・うどん（乾麺）……………… 100g

▶麺つゆ（作りやすい分量）
・出汁……………… 100g
・みりん……………… 20g
・醤油……………… 20g

▶つけだれ
・納豆……………… 1パック
・鯖水煮缶詰……………… ½〜1缶（鯖の身のみ使用）
・青ねぎ（または長ねぎ）……………… 適量（小口切り）
・卵……………… 1個
・七味唐辛子……………… 適宜

▼ひっぱりうどん

山形県内陸部で好まれるうどんの食べ方。名称は鍋から直接「引っ張り上げる」ことから。地域によって「ひきずりうどん」など、他の呼び方も。

保存がきく乾麺を、茹でた鍋から釜揚げスタイルで直接食べるうどん料理。最大の特徴は［納豆と鯖缶］を使う［つけだれ］で、古くから重要なたんぱく源を担う納豆に、鯖缶で魚の旨味と栄養をさらに加えて、後は卵・ねぎ・かつお節など、あるものをお好みで。そのシンプルさからは想像できない、斜め上をいくおいしさです。

麺つゆを用意する

鍋に麺つゆの［出汁・みりん・醤油］を軽く煮立てておきます。山形では「出汁入りの醤油」をそのまま使う家が多いそう。私はつゆだく気味が好みなので、つけつゆ程度の濃さに仕立てた麺つゆを用意しています。

うどんを茹でる

鍋に麺を茹でる湯を沸かし、しっかり沸いたら乾麺のうどんを茹でます。熱い湯に浸かったまま食べ進めるので、伸びにくいコシのしっかりした麺が私は好みで、茹で時間が10分以上のものを選んでいます。

繰り返しになりますが、**重要なのは乾麺であること**。そもそもこの食べ方は、冬の長い山形の山間部で、保存食として常備してあったものを組み合わせて食べるようになったのが始まりだそう。加えて、食べてみると乾麺ならではの絶妙な太さとしなやかさが、納豆とよくからみ、どちらにしてもやはり乾麺がふさわしい。

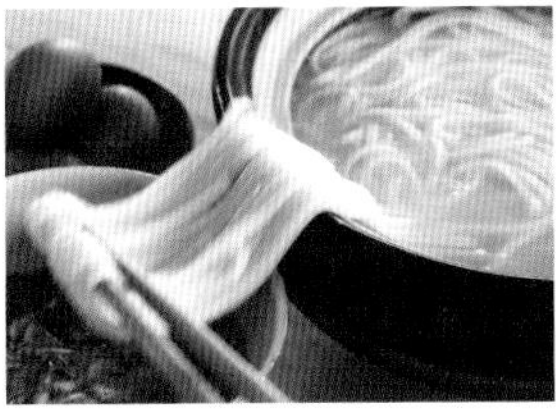

つけだれを用意する

麺を茹でる間に、お椀に［納豆・鯖缶の身］と好みで［ねぎ・卵］を盛り付け、麺つゆも入れて準備しておきます。鯖缶は身だけを使うので、残る缶汁はいつもお味噌汁にして食べ切ります。ねぎは青でも白でも好みのものを。私は具としてしっかり食べたいので、辛味の少ない青いねぎをたっぷり刻んで準備。お椀の中の色合いもキュッと引き締まる。**卓上にすべてセットして、うどんの茹で上がりを待ちます。**うどんの鍋を置くための鍋敷きも忘れずに。

できあがり

うどんが茹で上がったら、鍋ごと卓上に運んで完成です。納豆は好きなように混ぜ、鯖の身は好きなように崩し、鍋からうどんをひっぱり上げて、たれに付けながら食べ進めます。その際、**鍋の縁で上手く湯を切るようにすると、たれが薄まらずに長くおいしい状態で食べられます。**コシがあるようでないような、しっとりとしたうどんに、納豆の粘りと鯖のほぐし身の旨さがよくからむ。七味唐辛子もぜひ。鍋からは常に熱いうどんがやってくるので、最後の最後までずっと温かい。

なんでも欲しいものが欲しい時に手に入るとは限らない。そこにあるもので手軽に最大限楽しむ、そんな山の台所の知恵から生まれた料理が、素直においしい。

P.206

鶏の水炊き

P.210

塩豚のポトフ

P.215

鳥中華そば

P.219

キムチ鍋

P.224

肉じゃが

さりげなく煮込む

鶏の水炊き

さっと煮るか、じっくり煮るか。同じ素材を使っても、料理の佇まいは全く違うものになる。良し悪しではなくあくまで好みの話であって、骨付きの鶏を使う煮込み料理はホロリと肉がほぐれるくらい、柔らかくじっくり煮るのが私は好み。自分の好みをそれとはっきり知ったのは、修業時代まかないで親方が作ってくれた「水炊き」。店の仕込みと並行して、朝から奥の火口で煮込まれていた鶏肉と根菜。その柔らかに心から感激した。

鶏の水炊きの作り方

〈材料〉2〜3人分

・鶏骨付き肉（ぶつ切り）……約700g
（手羽先・手羽元などでも）

・大根……⅓本
（皮をむいて一辺5〜6cmの乱切り）
・にんじん……1本
（皮をむいて大根より小さめの乱切り）
・長ねぎ……1本
（1.5cm幅の斜め切り）
・しいたけ……6〜8個
（石づきを取り、大きければ半分に切る）

・だし昆布……1〜2枚（8〜10g）
・水……1ℓ
・日本酒……40g
・米……ひとつかみ（約40g）
（鍋に加える前にさっと洗う）

・ポン酢……適量
・青ねぎ（小口切り）、柚子こしょう、七味唐辛子……各適宜

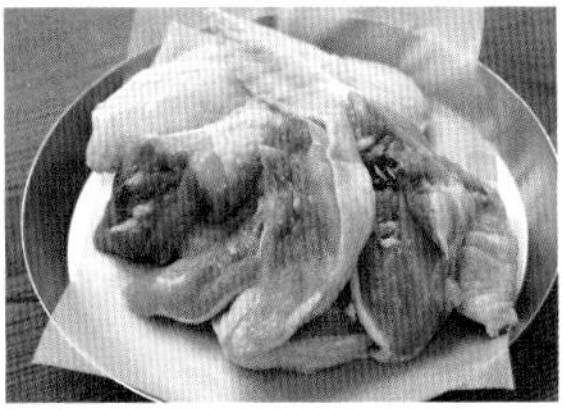

▼鶏肉は骨付きがおすすめ
骨からも旨味が出てスープがとてもおいしくなる。鍋物用に骨ごとぶつ切りにしたもの、または手羽先・手羽元などを組み合わせて使っても。

長く煮込めば肉は柔らかくなり、肉自体の味は汁に溶け出ていくもの。言い換えれば「肉の旨味でおいしいスープができる」ということで、そのスープで野菜を煮れば当然おいしく、野菜の甘味でさらにスープもおいしくなる。米を加えて「やさしい甘味ととろみ」を付けることで、汁のおいしさを具にまとわせながら食べられます。

鶏肉と大根を下茹でする

煮込み用の鍋に分量の水を入れ、だし昆布を浸しておきます。

別の鍋に大振りに切った大根と、ちょうど浸る水を入れて中火にかけ、沸いたらそのまま5分ほど茹でて、トングや網で大根だけを水を張ったボウルに取り出します。**湯はまだ使うので鍋に残したまま。**大根の特有の香りは時によって強すぎる場合があり、軽く下茹でしておくと、他の材料とのバランスが取りやすくなります。

続いて、同じ湯に鶏肉を入れて下茹でします。湯に入れてから2〜3分を目安に、肉と骨の芯の色が変わってきたらこちらも水に取り、表面についたアクをきれいに洗い流します。肉がすっきり気持ちよさそうに洗い上がったら、だし昆布を浸しておいた煮込み用の鍋に入れ、日本酒を加えて中火で煮始めます。

大根は「この料理には強すぎる独特のにおいを抑える」ため、鶏肉は「煮汁を汚すアクを除く」ため。**理由は違いますが、同じ湯で順に下茹ですれば、それぞれに必要な効果が得られて料理がはかどります。**

▼米を加えると
煮込む間に少しずつ汁に溶けてやさしいとろみが付き、具材においしいスープがからんでよりおいしく食べられる。

根菜と米を加えて煮込む

鍋が沸いて、まだアクが気になるようなら軽く除いてから、「下茹でした大根（水を切る）・にんじん・米（さっと洗う）」を加え蓋をして、コトコトと弱火で煮ます（45〜60分目安）。

この後表面に浮いてくる泡は、アクではなく米や野菜から出るとろみなので、もう取らなくて大丈夫です。**アク取りに神経を使いすぎて、コクと旨味のある鶏のおいしい脂まですっかり除いてしまわないようにくれぐれも気をつけてください。**

煮込む時間はかかりますが、メインの肉と根菜が鍋に収まってしまえば、後はコトコトと心地よく聞こえてくる鍋の音を聞きながら過ごすだけ。

具材を足す

鶏肉と根菜がしっとり柔らかく煮えてきたら「長ねぎ・しいたけ」を足し、蓋をしてさらに15分ほど煮ます。火の通りが早く柔らかいねぎは、長く煮込まず後入れに。しいたけは、はじめから入れて長時間煮ても崩れることはありませんが、個性的な強い香りと黒っぽい色が煮汁全体に影響するので、ねぎと一緒に後入れにする方がすっきりした仕上がりになります。

これもそれぞれ理由は異なりますが、「自分がどういう料理に仕上げたいか」をイメージしてみると、おのずとタイミングが見えてきます。

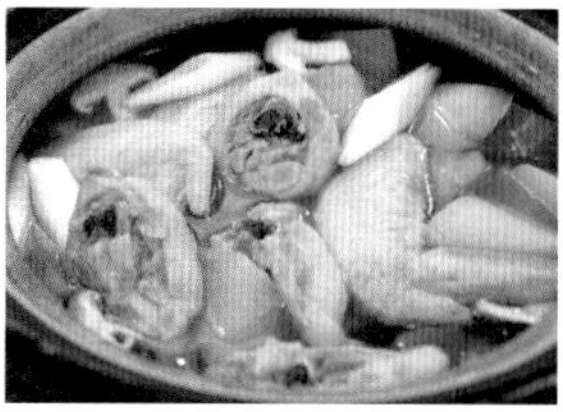

できあがり

長ねぎとしいたけに火が通り、鍋になじんだら完成です。取り皿にポン酢を用意して、煮汁を軽く切りながら鍋から具材を取り、ポン酢に付けて食べ進めます。鶏肉は骨からするりと外れる柔らかさ。煮汁から上げると自分の脂と旨味スープをまとってツヤツヤと輝き、しっとりと美味。ごろりと煮えた大根を噛み締めれば、たっぷりの熱と汁気が溢れて、しみじみおいしい。ポン酢に「青ねぎの刻み・柚子こしょう・七味唐辛子」などを加えて変化を付けると、益々楽しくなります。

もう一つ、**取り皿に煮汁を少量取ってそこに塩を加え、つけだれにして食べるのもシンプルでとてもおいしい食べ方です**。その時はバリッと黒こしょうが合う（具に直接塩をかけて食べるのとは全く違うので、間違えないようにしてください）。

〆のおすすめは、**乾麺のまま直接汁に加えて煮るそうめん**で、下茹でせず直に煮るので私は「直煮麺《じかにゅうめん》」と呼んでいます。煮汁をしっかり沸かしたところにそうめんを入れ、麺がくっつかないように混ぜてから、3分ほど煮ればできあがり。そうめん自体が持つ塩気が味付けになり、旨味が溶け合う熱い煮汁ごと、余すところなく食べられます。

作っていることを人に気付かれないほどさりげなく。それが親方から盗んだ、おいしい水炊き作りの秘訣です。

塩豚を眠らせて

塩豚のポトフ

冬においしくなる野菜は大きさも滋味もがっちり力強く、日持ちもよくてありがたい。その反面一度買うと長らく居座ることにもなり、日が経つといよいよ使い切る料理を考えるように。そうして一冬の間に繰り返し作るのが、大ぶりに切った野菜と肉を水だけで煮込むフランス家庭料理のポトフ。具材は大きい方が崩れにくく柔らかく煮え、たっぷり使えばスープはぐんぐんおいしくなる。だから躊躇なく鍋に加えて、結果冷蔵庫もすっきり。

塩豚のポトフの作り方

〈材料〉2～3人分

▶塩豚
- 豚ももかたまり肉……約500g
- 塩(1)……5g（豚肉重量の1％）

- 水……1.2ℓ～

- にんじん……2本
- 玉ねぎ……2個
- キャベツ……¼個
- にんにく……5～6かけ
- ベーコン（ブロック）……約400g
- ウィンナーソーセージ……6～8本
- 塩(2)……ひとつまみ
- 黒こしょう（あれば粒）……10粒

- マスタード……適宜

▼**塩豚は寝かせる時間が必要**
塩で寝かせることにより、長く煮込んでもパサパサになりにくく、旨味と肉らしさを保った煮上がりになる。

前準備として「豚肉を塩で寝かせる」ことと、煮込み前の「丁寧なアク取り」がおいしさのポイント。塩豚の旨味とベーコン・ソーセージの香りを借りて、スープの素は使わずに水だけで煮込みます。コトコトゆっくり煮れば、いつの間にかおいしくなって家の空気も温まる。とても自然でシンプルな、冬らしいフランス家庭料理です。

豚肉に塩をまぶして寝かせる

豚肉の重さに対して1％の塩(1)を肉の全面にまんべんなく振り、ラップで包んで冷蔵庫で1〜3日寝かせます。ラップは、**できるだけ空気が入らないように、ぴったりと包んでください。**私は手頃なもも肉を使うことが多く、パサつきが心配な部位も塩で寝かせて煮るとしっとり仕上がります。他にもベーコン・ソーセージといった**脂の多い加工品を使うので、肉は脂気の少ないものでバランス**を取っています。より旨味の濃い肩肉やバラなど、部位はお好みのものを使ってください。

塩には「脱水により旨味を凝縮させる」力と「肉の保水力を高めてしっとりさせる」効果があり、相反しているようで、やってみるとなるほど、どちらもその通り。必ずおいしくなる一手間なので、ぜひ試してみてください。塩の効果をかたまり肉の中まで染み込ませるには、**冷蔵庫で1〜3日ほど時間を置く**必要があります。

本来〝ポトフ〟という料理に使われるのは主に牛肉で、豚を使う煮込みの場合は特に〝ポテ〟とも呼ばれます。ただ、日本ではごろっとした肉と野菜の洋風煮込みは〝ポトフ〟と呼ぶ方が通りがよく親しみやすいので、私はこのレシピでもそう呼んでいます。

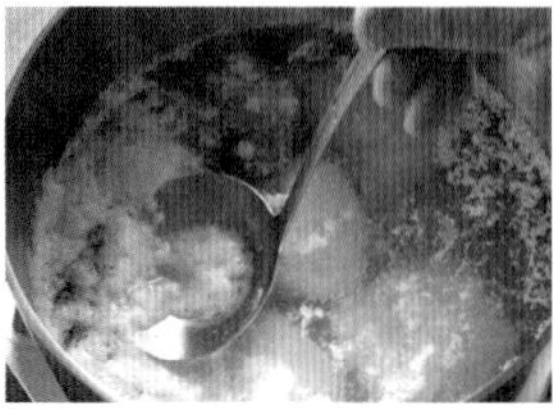

▼アクは固まるまで待つ
ふつふつと静かに煮立ち始めると、自然とアクが固まりになって表面に浮いてくるので、そこからしばらく丁寧にアクをすくい取る。

〈1〜3日後〉豚肉から煮始める

冷蔵庫で寝かせた豚肉の塩がすっかり溶けて、ほんのり水気が出ていたら、肉を大ぶりに切って、水と一緒に鍋に入れ弱火にかけます。塩は洗わず、そのまま味付けに生かして煮ていきます。肉に対してはしっかり目の塩気ですが、この後たっぷり入る野菜の味付けにもなり、仕上がりはしょっぱい味にはならないので安心してください。

次第に水が白濁し始めますが、**アクが表面に浮いて固まるまで焦らず、しばし見守って。**大量に浮いてくるアクをすくうと、たちまちスープが澄んでくる。多少液体の中にも散りますが、はじめにしっかり取れば、それほど神経質にならなくても問題ありません。アクが浮いてこなくなったら蓋をして、まずは肉だけ30分ほど煮込みます。後は他の具材を切りながら順に鍋に足し、さらに煮込めばいつの間にかできあがっていきます。

野菜とベーコンを切って鍋に足す

にんじんは皮をむいて斜め半分に、**玉ねぎはバラバラにならないように根元の茎をつけたまま、**半分〜¼に切って鍋に入れます。ベーコンは豚肉と同じくらいの大きさに切り、ソーセージはそのまま。硬さのあるにんじん・玉ねぎ、味と香りが出る加工品は、できるだけ煮汁に浸るように鍋に加えます。

最後にキャベツも芯をつけたままくし形に切り、上にのせます。キャベツは火が通りやすいので、煮汁に浸っていなくても大丈夫。顔を出しているキャベツには塩⑵をほんのひ

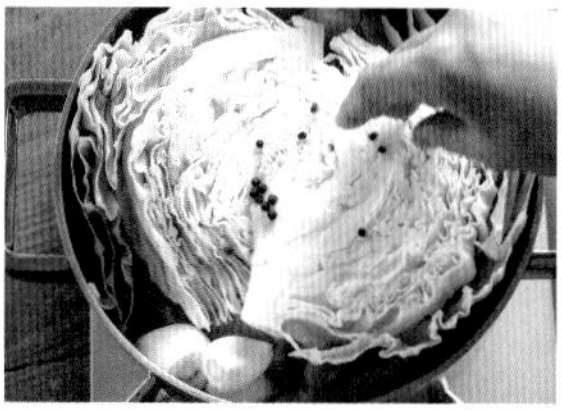

▼野菜の切り方は大きく
キャベツは特に煮えるとかさがぐっと減るので、大きすぎると思うくらいに切る方がよい。具材は後から切ることもできるので大きめに。

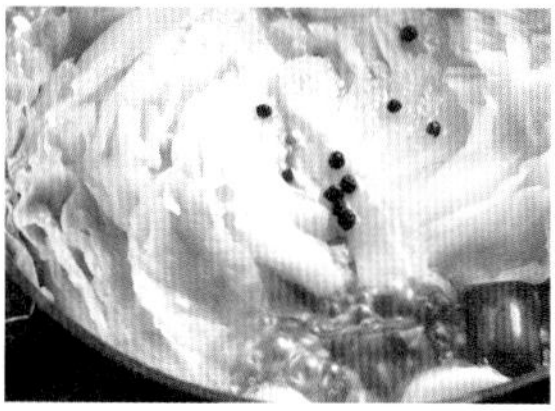

とつまみ振り、黒こしょうの粒と、皮をむいたにんにくも加えて蓋を閉め、さらに20〜30分ほど煮込んでいきます。

私はスープの素もワインも、ローリエやクローブなども加えず、ベーコンとソーセージに使われている香辛料の香りを借りて、いつも水だけで煮ています。黒こしょうの粒はいつもミルの中に入れているので、そこから出してぱらり。これは**「あれば入れる、なければ入れない」**という意味で、手持ちの香辛料やハーブがある方はお好みで入れて楽しんでください。

できあがり

蓋を開けてみて、キャベツがくたっとして煮汁が上がっていれば完成です。少し深さのある器に汁ごと盛り付けて、熱々をいただきます。本場スタイルの食べ方は、具材とスープを別皿に分けて盛り付け、それぞれ別の料理としていただくそう。しかし私はおでんの国の人なので、具と汁は一緒がやはり落ち着きます。

煮込んだもも肉は、とろけるではなく、ほぐれる柔らかさ。自分が出した旨味と引き換えに、野菜やベーコンの香りを吸ってしっとりおいしくなっています。肉類にはマスタードを付けて食べるのがおすすめです。あっさり飽きが来ない食べ物が、この歳になってみると最高。

野菜は他にも、カブ・カリフラワー・香りの出るセロリもおいしい。柔らかい野菜はキャベツと同じように大きめに切り、他の具材の上にのせて煮れば多少崩れても見つけやす

く安心です。

そもそも自分が食べたいと思わなければ、その料理を作る気にはならない。食べたい、作りたい、温まりたい。日常をおいしくしてくれるのは、そういうシンプルな心の赴きだと思っています。

鶏肉こしょう 天かす三つ葉

鳥中華そば

山形は、独自の麺料理が多い東北屈指の麺処。老舗蕎麦店で生まれた名物蕎麦を食べるために、将棋の駒で有名な天童まで出かけたことがある。昔ながらの広々とした蕎麦屋の相席で手繰るのは、蕎麦とはいっても「中華そば」。出汁の旨味がきいた蕎麦つゆベースのスープに、鶏肉と天かす、三つ葉があしらわれ、バリッと黒こしょうが香る。その絶妙なおいしさがすっかり気に入り、あれこれ工夫して作る度、彼の地を思い出している。

鳥中華そばの作り方

〈材料〉1人分

- 鶏もも肉……100g（一口大に切る）
- 中華麺（細麺）……1玉

▶スープ

- 濃いめの出汁……400g（通常の2倍の濃さで用意）
- 煮干し……2～3本（大きいものは頭と内臓を除く）
- 塩……1g

- 醤油……30g
- みりん……15g
- 砂糖……5g

▶トッピング

- 揚げ玉……30g
- 長ねぎ……20g（太さを半分にして斜め薄切り）
- 三つ葉……3本（2cm長さに切る）
- 刻み海苔、黒こしょう……各適量

▼蕎麦屋の「かえし」
醤油・砂糖・みりんなどを合わせて寝かせた、蕎麦つゆの素になる合わせ調味料。店ごとに味の違いがあり、出汁で割ると蕎麦つゆになる。

▼煮干しの使い方
大きな煮干しは、頭を取り、身を2つにはがして内臓を除いてから使うと、雑味の少ないきれいな出汁が取れる。

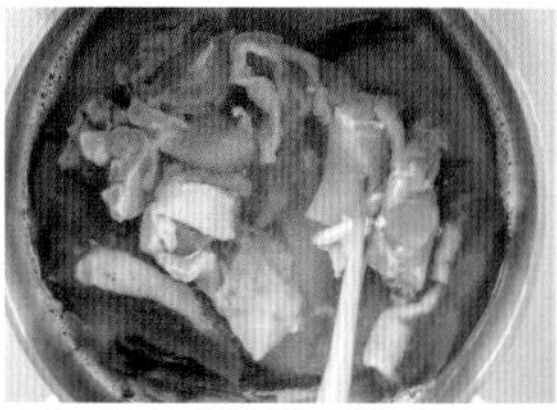

店のまかないから人気料理になったという、老舗蕎麦屋の中華そばを目指します。寝かせた「かえし」に力強い出汁・天かすなど、お蕎麦屋さんにはいつもあるものばかりでも、家にはいつもあるとは限らない。**手軽に真似できそうな料理ほど、家で作るのに適した材料に置き換えて取り合わせる**ことが、おいしいごはん作りのカギになります。

スープを作る

鍋に［濃いめの出汁・煮干し・塩］を入れて弱めの中火にかけ、沸いたら一口大に切った鶏肉を加えて再び沸くまで待ちます。**鶏肉のコクのある味わいをスープに引き出す**イメージで、ゆっくり加熱するのがポイント。［煮干し］は蕎麦つゆにはあまり使われませんが、**わかりやすい魚介出汁の香りと旨味を手軽に加えることができます**。煮干しとラーメンの相性のよさは、みなさまご存知の通り。アクが気になれば軽く引き、蓋をして火を止め置いておきます。

お蕎麦屋さんの出汁は、厚削りの鰹節や鯖節をどっさり使って長めに煮出した、かなり風味が強いもの。家でそのままコピーするのは材料も手間も大変なので、濃いめの出汁に鶏と煮干しの旨味を重ねて、**家らしい方法で近づけます**。

トッピングを用意する

麺が茹で上がったらすぐに盛り付けられるように、トッピングする具材を揃えておきます。長ねぎは太さを半分に割ってから斜め薄切りにして、三つ葉は2㎝長さに切ります。

揚げ玉はこの中華そばの味作りのポイントの一つで、「できるだけおいしいものを手に入れる」のが理想的。街のお蕎麦屋さんや天ぷら屋さん、チェーンの専門店でも、揚げ玉だけを分けてくれることがあるので、ぜひ聞いてみてください。私は家で天ぷらを作ったついでに、最後に残った衣だけを揚げて、自分で揚げ玉を作ることもあります。冷凍しておくと、うどんやお好み焼きなどにも使えて重宝します。

麺を茹でる

スープとトッピングの準備が整ったら、麺を茹でて、ここから一気に仕上げていきます。鍋に湯を沸かして、中華麺を袋の表示時間通りに茹でます。**麺の太さは好みがあると思いますが、ここはぜひ細めを選んでください。**

食べ応えのある中華麺に負けないスープ作りは、ラーメン専門店のプロでも相当に力を注ぐところ。それを家で、さらにはこの「和出汁ベースのスープ」では、尚のこと難しい。その代わり、麺の選び方一つで上手くバランスがとれるので、ここは好みを譲ってぜひ細麺をおすすめします（ちなみに、本家はコシのしっかりした中太麺）。

スープを仕上げる

スープに「醤油・みりん・砂糖」を加え、中火でしっかり熱く沸かし直します。蕎麦文化が盛んな山形の蕎麦つゆは、やや甘め。それに倣い、この中華そばの味付けも、甘め方向のやさしい味わいにしています。

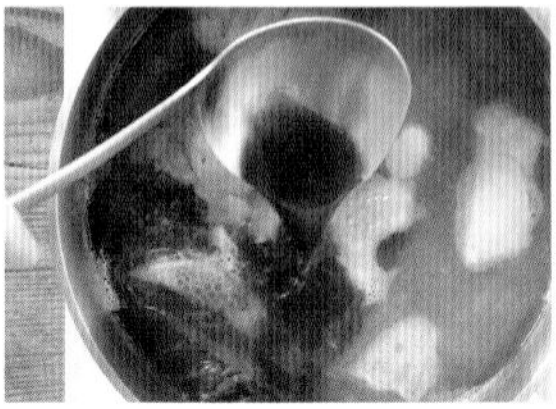

麺の茹で上がりを見計らって、鶏肉は鍋に残し、よく沸いた熱いスープだけを丼に入れます。

できあがり

湯をしっかり切った麺をスープに入れ、軽くほぐして整え、その上に［鶏肉・長ねぎ・天かす・三つ葉・刻み海苔］を手早くのせて、黒こしょうをたっぷり振ったら完成です。この黒こしょうの風味も、出汁の香りから一気に中華そばへと変貌を遂げる、味作りの重要なポイントの一つ。

まずスープを一口。食べ慣れた出汁に煮干しと鶏、そのシンプルな旨味の重なりが想像を超えるスープの奥行きを作り出しています。飲み干せるほどやさしい。麺を手繰ると揚げ玉の油のコクが細麺によくからむ。三つ葉と海苔の和の香りが深い。

旅情は一番の調味料。コピーするだけでは作れない、自分だけのおいしさがそこに生まれます。

旨味の相乗効果

キムチ鍋

底冷えのする冬の日、冷蔵庫にキムチがあれば、その行く先は自然とキムチ鍋。肉と何かしらの野菜を見繕い、後は豆腐で満足。納豆もあれば最上。キムチは料理に使うと調味料の役割も担ってくれて、買い置きしておくととても心強い。キムチのインパクトを生かして、鍋の味付けはごくシンプルに。煮えたぎる赤いスープが食欲を掻き立てる。沸き立つ鍋の音、立ち上る湯気に曇る窓。家鍋なら、外の寒さもおいしさの一部に変わります。

キムチ鍋の作り方

〈材料〉2～3人分

- キムチ……250g
- 豚バラ薄切り肉……200g（部位は好みで）

- もやし……1袋
- にんじん……½本（100g）（縦¼にしてから斜め薄切り）
- にんにく……2～3かけ（薄切り）
- 長ねぎ……1本（1.5cm幅の斜め切り）
- ニラ……½束（5cm長さに切る）
- 納豆……1パック
- 絹ごし豆腐……1丁

- ごま油……10g
- 煮干し……5～6本
- 水……600g
- 醤油……30g

▼**土鍋で作る場合は**

フライパンで炒めてから土鍋に移して煮始める。大きめのフライパンでそのまま最後まで作っても。

キムチは薬念《ヤンニョム》と呼ばれる漬け材料に、複雑な旨味がたっぷりと含まれています。その味わいのバランスと強さをそのまま生かして、あれこれやりすぎないのが、何度でも作りたくなる手軽さとおいしさの秘訣。

納豆を加えると、スープのおいしさがより膨らみます。旨味スープを食べ切る〆は「チーズ雑炊」が激しくおすすめ！

キムチと豚肉を和える

豚肉を5cm幅に切ってボウルに入れ、キムチと和えて15分ほど時間を置きます。和えることで肉に下味がついて料理の一体感が増し、キムチの調味料の作用で肉がしっとりする効果も。前日に和えて冷蔵庫に入れておいても、問題ありません。私は脂がおいしい豚バラ肉をよく使いますが、ももや肩ロース・細切れなどお好みのもので。鶏肉でもおいしく作れます。

キムチと豚肉を炒める

炒め煮ができる鍋にごま油を中火で温め、和えておいたキムチと豚肉を炒めます。鍋料理の多くは汁に直接具を入れて煮ていきますが、このキムチ鍋では、油で炒めて得られる香ばしさが重要な風味づけの一つ。肉の色が変わって全体がしっかり熱くなるまで、時々かき混ぜながら炒めます。

▼食べやすさを想像しながら
はじめに、ボリュームの出るもやしで鍋底のキムチと豚肉を持ち上げるようにしておくと、具が偏らず後で食べやすくなる。

煮干しと水を加えて煮る

全体が熱くなったら煮干しと水を加えます。煮干しはキムチの本場韓国のチゲ（鍋）の出汁にもよく使われます。**くっきりとした魚風味がキムチの強さに隠れることなく旨味を補強してくれる**ので、私も好んで使っています。頭と内臓を除いた煮干しを一緒に煮込み、そのまま入れっぱなしにして、よそった時お碗に自然に入ればそのまま食べてしまいます。

野菜を加えるとその水気で煮汁の高さが上がるので、はじめに水を多く入れすぎないように注意が必要です。

野菜を加えて煮る

後は鍋を火にかけながら順に具材を足していけば、いつの間にかできあがりです。まずもやしを加え、鍋底からざっくりと混ぜ合わせます。長ねぎは1.5㎝ほどに厚みを持たせて斜めに切り、にんじんは縦に¼にしてから斜め薄切り、にんにくも薄切りにして、順に切りながら鍋に加えていきます。具材は他に「玉ねぎ・キャベツ・大根・小松菜・春菊・きのこ」など、お好きなものを使ってください。

もやしはしばらく水に浸けてシャキッとさせてから使うと、筋っぽくならずふっくら煮えます。水に浸した状態で冷蔵庫に入れておくと、瑞々しいまま日持ちを少し延ばすことができるので、料理する予定がずれた時でも安心です。

▼辛味を足したい時は

鍋に鷹の爪を加えて鍋全体の辛味を増す、もしくは食べる時に一味唐辛子やラー油を添えて調整すると、好みによって楽しめる。

納豆・醤油・豆腐を加える

さらに納豆と醤油を加え、崩れやすい豆腐は8～10等分に切って上にのせます。**昆布と同じ旨味成分のグルタミン酸を含む納豆は、具というよりも出汁の一部で、入れるとスープのおいしさがぐんと増す。**

煮込むにつれてキムチや野菜、豆腐から甘味が引き出されるので、それを生かして、味付けは醤油で香りと塩気を補うだけで十分です。芯に熱を蓄えた鍋の豆腐は格別なので、くつくつとしっかり温まるまで煮てください。

できあがり

豆腐が温まってふっくらしてきたら、仕上げにニラを加えて完成です。くたくたに煮えた野菜と、まだ白さの残る熱い豆腐、煮干しと納豆の旨味が溶け込むスープを一緒に食べ進めます。

食材のキムチが味作りの素になるこの鍋は、はじめから具材をたっぷりと煮て、後は座りっぱなしで食べるのみ。肉はしっとり柔らかく、たっぷりの野菜と豆腐、あっさりした味付けが後押しして、どんどん食が進みます。

〆のおすすめはチーズ雑炊。残った煮汁を煮立ててごはんを入れ、シュレッドチーズを散らして溶けたらできあがり。韓国のりを散らすと、より風味高く楽しめます。チーズは

「好きなだけ・惜しみなく」加えるのがポイント。
鍋はたっぷり作って食べ切れなくても、うどんやごはんを足してもう1回楽しめるから
むしろ嬉しい。今日は鍋、明日も鍋でもちろんいい。冬の暮らしはそれがいい。

残すのは気配だけ

肉じゃが

芋を煮ようとする時に気になるのが煮崩れで、料理人であれば崩れやすいものをいかに崩さないで仕上げるかが腕の見せどころでもある。ただし、それが正解のようにみんなで押し並べて同じ仕上がりを目指すのは、少々寂しいと思っている。家で作る肉じゃがなら、私は芋の角が崩れるような、ぐずっとした煮上がりが好み。男爵やキタアカリなどあえてホクホクとした種類で作れば、崩れやすい性質の芋だったという説明もつく。

肉じゃがの作り方

〈材料〉2〜3人分

- 牛切り落とし肉……100g
- じゃがいも……3個(300g)
  (皮をむいて4cm角に切り水に浸ける)
- 玉ねぎ……½個(150g)
  (1.5cm幅のくし形切り)
- にんじん……½本(100g)
  (皮をむいて小さめの乱切り)

- 春雨……40g(湯で戻して水気を切る)
- バター……15g

▶煮汁
- 出汁……300g
- 日本酒、みりん(1)、醤油(1)……各30g
- 砂糖……10g

▶仕上げ用
- みりん(2)、醤油(2)……各15g

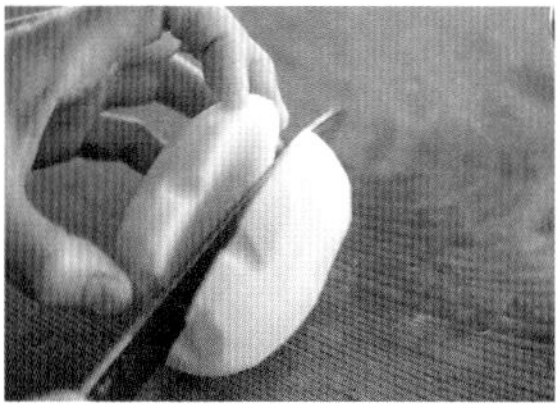
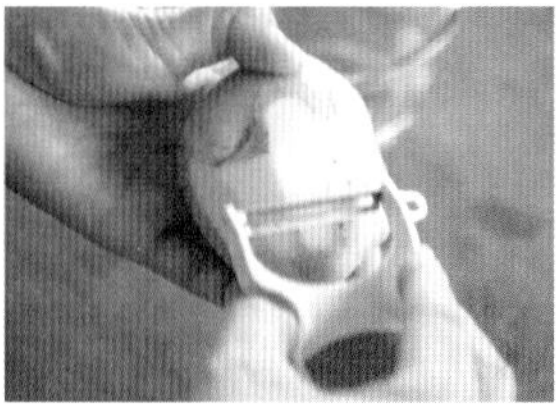

隠し味にバターを使い、［春雨］を入れるのが私の肉じゃが。おいしい煮汁を吸って膨らむ春雨を加えると、多少煮崩れようがまとまりが出て食べやすくなり、寛容な仕上がりに。牛肉以外に鶏肉や豚肉を使っても、同じようにおいしく作れます。

具材を切り、炒める

じゃがいもは皮をむいて4cm角を目安にごろりとした大きさに切り、水に浸けておきます（芽や緑の部分があれば必ず除いてから）。玉ねぎは1.5cm幅のくし形切り、にんじんは箸で掴めるくらいのやや小振りの乱切りに。煮物の野菜は「すべて大きさを揃えて切る」こともありますが、肉じゃがの場合、あくまで主役は「肉とじゃが」。**じゃがいもを一番大きく切って目立たせてあげる**のが私の務めと心得ています。じゃがいもは他の具材よりも早く柔らかくなりやすいので、大きくても何ら問題なし。

鍋にバターを弱めの中火で溶かして牛肉を炒め、肉の色が半分ほど変わったら、［玉ねぎ・にんじん］を加えて炒めます。玉ねぎが透き通ってきたら［じゃがいも］を加え、バターの香りをからめるように、ごろごろと炒め合わせます。

私の肉じゃがは、隠し味にバターを使うのがポイント。**バターでよい意味の乳臭さを加えることで、牛肉らしい香りがぐっと膨らみ**、［じゃがいもとバター］の相性のよさも相まって、おいしい要素が確実に増します。文字通り「隠し味」として気配だけを残すことが重要で、炒め始めから使って**すべての材料に薄く行き渡らせておく**のが上手に隠すコツ。バターが前に出すぎると、主役であるはずの肉の旨味が反対にどこかへ隠れてしまうので、

▼春雨の戻し方
煮物や汁物など加熱する料理に使う場合は、春雨が浸る程度の熱湯を注ぎ、硬さがなくなるまで2～3分置いてから水気を切って鍋に加える。

役割をきちんとわきまえることが何事も大切です。

出汁と調味料を加えて煮る

鍋の中が温まってきたら出汁を加えて煮立つまで待ち、アクが気になれば軽く除いてから、煮汁の調味料と春雨を加え軽く混ぜ合わせます。もう一つポイントになるのがこの春雨。日本料理の親方が作ってくれた肉じゃがが春雨入りで、初めて食べた時その口当たりのよさにとても驚いて、それ以来自分で作る時も入れるようになりました。考えてみると、「白滝の代わりだったのかもしれない」と思い至ったのだけれど、そんなことは今となってはどうでもよいこと。しっとり煮汁を吸って柔らかく煮えた春雨が、あらゆるところにからみついてとてもおいしいので、ぜひ試してみてください。

クッキングシートなどで落とし蓋をして15分ほど煮ていきます。落とし蓋をしておけば必要以上にじゃがいもが崩れる心配はないので、中火でくつくつと沸き続ける状態を保ちながら、煮汁の旨味をぐっと詰めつつ具材に含ませていきます。

できあがり

煮汁が減り、じゃがいもがしっとりと味を含んで柔らかく煮えたら、最後の仕上げに［みりん(2)・醤油(2)］を少しずつ回し入れ、全体になじませたら完成です。**内側に染みた味付けとは別に、外側にもう一味足すと味がしっかり決まります。**芋の柔らかさを確認する時は、竹串や楊枝で刺してみるか、一番は割って一口食べてみるのがわかりやすい。火を止

めたら、熱が和らぐまで鍋に入れたまましばらく置くと、より味がなじみます。くたっと味を含んだ玉ねぎや春雨を、一口ごとにからめて食べれば、煮えたてもしっかりおいしい。

じゃがいもの外側は、濃く煮汁を吸い込んでしっとりほろり。箸で割ると内側には白さが残り、芋らしい味と食感も同時に楽しめます。肉は柔らかくほぐれて、どこを食べても牛の旨さが舌に染み込む。ほどよく煮崩れたにんじんや芋のとろみを、春雨が親切に口まで運んでくれます。

その日のじゃがいもによって、今日は角がキリッと煮えたとか、少し崩れて丸くなったとか、違いを楽しむのが愉快。そこはかとなく漂う洒落た香りに気付いた人に「隠し味にバターを使っている」と教えた時の、意外そうな表情もまた愉快。

おいしい料理にはたくさんの要素があって、なんでもかんでも自分の腕前だけでは解決できない。いや、むしろしなくてもよい。

P.230

魚の醤油煮

P.233

寒鯖の南蛮漬け

P.236

納豆汁

P.241

きのことアンチョビのドリア

P.245

コキーユ・サンージャック

甘さを求め、旨さを呼ぶ。

魚の醤油煮

修業していた日本料理店でのまかないは、すべて親方が作ってくれた。毎日出る魚のアラを、煮る・蒸す・揚げる。シンプルなカマの塩焼きから中華風からエスニックまで、同じアラでも少しも飽きることがなく、今となってはそれがどれほど贅沢なことだったのか身に沁みてわかる。数多のアラ料理の中でも特に記憶に残っている親方の味が、カラッと揚げて濃い醤油味に浸した「醤油煮」。見慣れた材料だけで、ハッとするおいしさがある。

魚の醤油煮の作り方

〈材料〉2〜3人分

- 魚の切り身※ …… 2切れ
- 塩 …… 少々
- こしょう …… 適量
- 片栗粉 …… 適量

▶煮汁

- 水 …… 100g
- 醤油 …… 20g
- 日本酒（または紹興酒） …… 10g
- ごま油 …… 5g
- 鷹の爪（輪切り） …… ひとつまみ

- しょうが …… 10〜15g（皮をむいて千切り）
- にんにく …… 1かけ（薄切り）

- 春雨 …… 50g（湯で戻して水気を切る）
- ニラ …… 50g（5㎝長さに切る）
- 揚げ油 …… 適量

※魚は、鯖・ブリ・タラ・カジキなど手に入るものを。手頃なアラが手に入れば、それもぜひ使ってください。

あえて甘味を加えない、キリッとした醤油味に浸すのがポイントで、ごはんと食べれば米の甘味が、日本酒と合わせれば麹の旨味が、それぞれに際立ってバランスが取れてきます。ごはん喰いも酒呑みも、大いに食べ、大いに呑む訳を声高に主張できる、しっかりした味付けです。アラでも切り身でもおいしく作れます。

魚を揚げる

フライパンに揚げ油を中火で温めながら、魚の水気をキッチンペーパーで押さえて「塩・こしょう」を振り、片栗粉をまぶして静かに油に入れます。**しばらく触らずに、箸先に乾いた感触があったら裏返し**、衣が香ばしく色付くまでしっかりと揚げていきます。

スーパーやデパートの魚売り場に行くと、私はまず真っ先にアラ探しから始めます。一般的に魚の仕入れは「1匹」単位。さばけば必ずアラが出るので、きれいで食べやすい身の部分と比べると、後に残るアラは手頃に買えることが多くてありがたい。

ちょうどよいアラが見つからなかった時には、切り身を2〜3つに切り分けて、同じようにカリッと香ばしく揚げてください。

煮汁を合わせる

春雨は熱湯に2〜3分浸して戻してから水気を切り、しょうがは皮をむいて千切りに、にんにくは薄切りにしてすべて鍋に入れ、煮汁の材料を加えて弱火で温めます。**この料理は出汁ではなく水を使う**ことで、醤油の塩味と香味野菜の香りがキリッと立ち、和食とは

少し趣の異なる味わいになります。
春雨は適度なボリューム感と、どことなくヘルシーなイメージが共存する愛すべき食材。素材のおいしさが溶け出た煮汁をしっかり吸ってくれるので、いつも買い置きしておき、よく使います。乾物の中でも、戻し時間が短く使いやすい。

揚げた魚を煮汁になじませる

おいしそうに色よく揚がった魚を煮汁に入れて、温めながら衣に味をなじませます。**揚げ方が足りないと、ここですぐに衣が浮いてブョッとはがれてしまう**ので、衣がガチッとしっかり固まるまで揚げておくことが重要です。

できあがり

衣に煮汁が染みて素敵な醤油色に染まったら、仕上げにニラを5cm長さに切って加え、軽く火を通して完成です。春雨を台にして魚をメインに盛り付けても、どれと分けずに鍋から自然にふわっと盛っても、どちらもおいしそう。醤油の色と香りをしっとり含んだ魚の味わい、たっぷりの香味野菜の心地よい歯応えと風味が、ごはんの甘さを求め、酒の旨さを呼ぶ。

数々のアラ料理を食べさせてもらったおかげで、今でもアラが大好物。きれいに食べるのがちょっと難しい料理は、誰に気兼ねするでもない、家で食べれば一層おいしい。

清々しい香り、ピリリとした辛味。

寒鯖の南蛮漬け

冬の寒さは堪えるけれど、脂がのったおいしい魚の種類が増えて楽しみも多い。売り場を見ればあれこれと食べたくなるものの、水分が多い魚は家の冷凍庫では風味が落ちる心配があり、まとめ買いは難しい。そんな時は、帰ったらすぐ料理して、時間を置いて味をなじませることでおいしくなる［南蛮漬け］がありがたい。小魚を使えば噛み締めるほどにしみじみと滋味が味わえ、切り身で作ればふんわりとした身質の旨さも楽しめる。

寒鯖の南蛮漬けの作り方

〈材料〉2人分

- 鯖（三枚おろし）…… 半身分（約250g）
- 塩 …… 少々
- 片栗粉 …… 適量

- 玉ねぎ …… 50g（繊維に沿って薄切り）
- にんじん …… 20g（千切り）
- パプリカ …… ¼個（30g）（千切り）

▶南蛮酢
- 出汁 …… 80g
- 酢 …… 60g
- 醤油 …… 20g
- みりん …… 20g
- 砂糖 …… 5g
- 柚子こしょう …… 3g

- ごま油 …… 5g

- 揚げ油 …… 適量

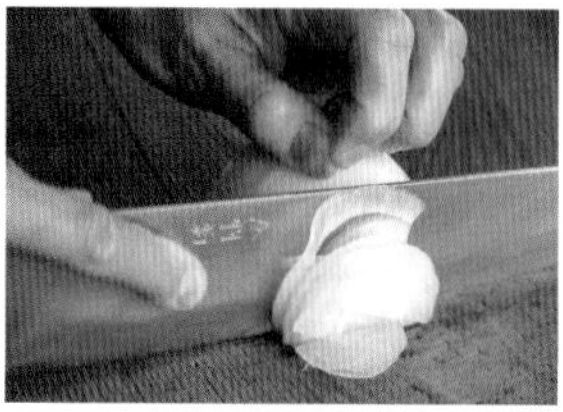

柚子こしょうの上品な辛味と香りで、さっぱり爽やかな後味の南蛮漬けです。**鷹の爪よりも辛味が自在に調整しやすく**、脂ののった魚の旨味がキリッと引き締まり後引くおいしさ。魚が揚がったら一気に仕上げられるように、南蛮酢と香味野菜の準備を整えておくことがおいしい南蛮漬け作りのコツです。

漬け込む野菜を切る

玉ねぎは繊維に沿って薄切りに、にんじんとパプリカは細く千切りに。**野菜は特に加熱しないので、生で食べるつもりで細めに切っておく**と食べやすい。漬け込む野菜は、酸に弱い緑色の野菜を避けて、にんじん・パプリカなど力強いものを使うと色鮮やかに仕上がり、色味が淋しくなりがちな冬の食卓が、パッと華やぎます。

南蛮酢を合わせておく

鍋に南蛮酢の材料を入れておきます。まだ火にはかけずに、合わせておくだけ。

鯖を切り、揚げる

鯖の身を箸で持てるくらいの一口大に切り、水気をキッチンペーパーでよく押さえます。フライパンに揚げ油を中火で温めながら、鯖に軽く塩を振り片栗粉を薄く付けて、静かに油に入れて揚げていきます。魚の切り方は、薄くすると漬け込む時に割れたり崩れやすくなるので、**厚みを持たせて切る**と扱いやすくなります。

▼小骨が気になる場合は
お腹の長い骨は包丁を寝かせて削ぎ取り、身の真ん中の細かい骨は身を半分に切ってから血合いごと薄く切り取るときれいに除ける。

衣が固まってくるまでしばらく触らずに、箸先にカサッと乾いた感触があったら裏返して、さらに揚げます。**揚げ方が足りないと、酢に漬けた時に衣が浮いてすぐにはがれることがある**ので、時々返しながら、衣がこんがり色付くまでしっかり揚げます。

南蛮酢を沸かして漬け込む

鯖が揚がる頃を見計らって、南蛮酢を火にかけて軽く沸かし始めます。鯖が色よくカラッと揚がったら、よく油を切って漬け込む耐熱容器に入れ、野菜をのせてごま油を回しかけ、その上から**熱い南蛮酢をまんべんなく注ぎます。**野菜は鯖と南蛮酢の熱に当てるだけなので、シャキッとした歯触りが残り、爽やかな仕上がりに。表面にラップを落としておくと、味がなじみやすくなります。

できあがり

魚の衣が南蛮酢を吸ってツヤッと、野菜もしんなりとなじみ一体感が出たら完成です。どこからつまんでもおいしく食べられるように、野菜をバランスよく盛り付けます。サクサクと歯切れのよい色野菜と、しっとり南蛮酢を吸った衣に包まれる鯖を合わせて食べると、柚子こしょうの清々しい香りと、ピリリとした辛味が追いかけてくる。青ねぎの刻みやかいわれ大根などをあしらい、冷酒かぬるめの燗を合わせれば、途端に気のきいた居酒屋風。ビールでサッと油を洗い流すのもまたよし。

一口目は「熱！」

納豆汁

私が小さい頃を過ごした東北の山間では、雪が積もり子どもが集まればソリに雪だるまに雪合戦と、遊びには事欠かなかった。一方おとなたちは「寒い寒い」とその寒さを口実に酒を飲み、飯でも汁でも炊きたて煮えばなのやたらと熱い物ばかりを食べていた。「もっと早く知りたかった」と心底悔しくなるほどのおいしさを持つ料理に出会うことがある。凍える季節に体の芯から熱くしてくれる雪国山形の郷土料理［納豆汁］もその一つ。

納豆汁の作り方

〈材料〉3〜4人分

- 納豆……約160g（3〜4パック）
- いもがら（手に入れば）……乾燥で10g
- ごぼう……50g
- にんじん……50g
- こんにゃく……100g
- わらびの水煮……60g
- 絹ごし豆腐……½丁（150〜200g）
- 油揚げ……1〜2枚
- なめこ……1パック
- 長ねぎ……½本

- 出汁……1ℓ
- 味噌……70g〜

- セリ、三つ葉、青ねぎ、七味唐辛子など……各適宜

▼山形の「納豆汁」
大豆製品をたっぷり使い、食料が不足しがちな冬のたんぱく源として古くから親しまれてきた家庭料理。正月や七草に行事食として食べる地域も。

▼ごぼう洗いはアルミホイルで
ごぼうの泥は、流水を当てながら丸めたアルミホイルでこすると手軽にきれいに洗える。

山形の郷土料理「納豆汁」は、納豆をすり鉢で潰して味噌仕立ての汁に溶き入れる具沢山の汁物で、**納豆の粘りが汁のとろみとなって冷めにくく、長く熱々のまま食べられます。**具材をあれもこれもと加えていくと量がどんどん増えますが、たっぷり作って温め直して食べるのがまたおいしい。特に納豆は少ないよりも、多いと感じるくらい入れるのが断然おすすめ！

根菜を切り、煮始める

鍋に出汁を入れ、ごぼうとにんじんを切って加え煮始めます。納豆汁の具材はこれという決まりはなく、「根菜・こんにゃく・きのこ・山菜・豆腐・油揚げ」などが定番。私は好物のごぼうとにんじんを必ず。

それぞれ縦半分〜1/4にしてから斜め薄切りにすると、繊維が切れて断面が大きくなり、柔らかな食感に煮ることができます。ごぼうはアク抜きとして、切ってから水にさらすことがありますが、この納豆汁では水にさらさず、切ったそばからそのまま煮始めます。この後、納豆という強力な存在がすべてを覆ってくれるので、**ごぼうのアクくらい何の問題にもなりません。**

湯で「油揚げ・こんにゃく・いもがら」を下処理する

こんにゃくと油揚げは、どちらも一度下茹でするとおいしく料理ができるので、別の鍋に湯を沸かし、まず油揚げをくぐらせてザルに上げ、次に同じ湯にこんにゃくを入れ2〜

▼**いもがら**
里芋の茎を干したもの。干しずいきとも言う。雪国の冬場の貴重な保存食として作られてきた乾物で、熱湯で戻し、汁物・煮物などに使う。

3分湯搔いてと、私は一つの鍋で2つの下茹でを済ませてしまいます。この一手間で油揚げは油が抜けて食感が柔らかくなり、こんにゃくは特有の石灰のにおいが和らいで食べやすくなる。それぞれ根菜と同じくらいの大きさに切って、味の染みにくいこんにゃくはすぐ鍋に加え、柔らかくて味を吸いやすい油揚げは後ほど鍋に追加します。

山形の納豆汁に欠かせないという「いもがら」は、しょりしょりという歯触りがおもしろい、里芋の茎を干した野菜の乾物です。欠かせないという材料も、今は生産者が減りやや手に入りにくいのがとても残念。乾物なのでまずは戻しが必要で、ボウルに入れ水でよくもみ洗いしてから熱湯を注ぎ、30分ほど置くとふっくら戻ります。

他の具材を切り、鍋に加える

いもがらは水気を絞って2〜3cm長さに切り、わらびの水煮は水洗いして4cm長さに切り、鍋に加えます。なめこは洗って水切りし、豆腐は一口大に、長ねぎは縦に半分にして1cm幅にザクザクと切り、油揚げもここで順に鍋に加えます。**すべての材料を一気に切ってしまう必要はなく**、煮えるのに時間のかかる硬い根菜から切って煮始めたら、後は切りながら加えていけば、ゆったりと作業ができて場所も取らず、結果料理がはかどります。

納豆を潰す

すり鉢に納豆を入れ、すりこぎで潰します。この料理の最大の特徴は、「納豆はそのままではなく、すり潰して加えること」。闇雲にゴリゴリやってもこれが中々粒にヒットし

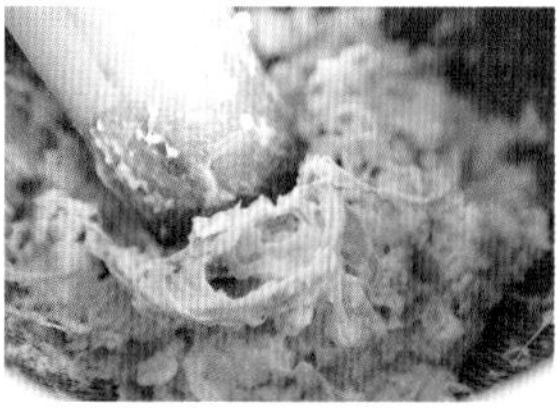

この作業は「初めて見る光景」という方が多いかもしれませんが、合っているので大丈夫。

ないので、**はじめは一粒一粒狙ってトントンとつくイメージで**。かなり骨が折れる作業なので、潰し加減はお好みと根気によって。私は全体が白っぽく、粒が見えなくなるまでしっかりめに潰しています。

味噌と納豆を溶き入れる

根菜やいもがらが柔らかく煮えてきたら、味噌を溶き入れます。味加減はひとまず普段のお味噌汁くらいにしておいて、納豆を加えてから後でまた足して調えれば大丈夫。

納豆ペーストは、いきなり汁に入れても溶かし込むのに時間がかかります。せっかくすり鉢を使うなら、**すり鉢の方に鍋の煮汁を少しずつ取って入れ、すりこぎで混ぜ、流動性が出るまでゆるめてから鍋に加えると**溶けやすくなります。

できあがり

よくかき混ぜて汁全体に納豆がなじんだら、味を見て味噌で調え完成です。具も汁もぜひたっぷりと盛り付けて、セリや三つ葉、青ねぎ・七味唐辛子などがあればもう言うことなし。

食べる時にとにかく気をつけてほしいのが、汁の熱さ。どれほどおいしそうにできあがっても、まず一口目は慎重に。納豆のとろみを甘く見ると、きっと火傷します。だからこそ冷めにくく長い間熱々のまま食べられるので、焦らずゆっくり楽しみましょう。

納豆・豆腐・油揚げ・味噌と、大豆製品がこれでもかと入り、体の砂払いと言われるこ

んにゃく・根菜・きのこと、食物繊維もたっぷり。出汁以外の材料はほぼ精進物で、満足感の割に食べた後が軽く、体もしっかり温まる。つくづく先人の知恵とは素晴らしい。

熱すぎない、冷たすぎないばかりが適温じゃない。思わず「熱！」と言うくらいが適温の料理が、時にはあります。

おいしさへの道

きのことアンチョビのドリア

メインが米であること。そこに、なめらかな白いソースがかかっていること。チーズがほどよく焦げて香ばしいこと。とにかく熱いこと。これらが揃って、まずおいしくないはずがない。だからドリアという料理は自信を持って作りさえすれば、何の問題もない。

手作りのホワイトソースはダマが心配？　それよりも、［バター・小麦粉・牛乳］があれば作れるシンプルさを喜ぶ方が、おいしさはぐっとこちらに近づいてきます。

きのことアンチョビのドリアの作り方

〈材料〉1人分

▶ドリアソース

- 玉ねぎ……100g（1/3個）（横半分に切り薄切り）
- ぶなしめじ……80g（約1パック）（石づきを取る、他のきのこでも）
- バター(1)……10g
- 薄力粉……10g
- 牛乳……120g
- 塩……1g
- 白こしょう……少々

- 温かいごはん……200g
- バター(2)……5g

- アンチョビフィレ……3枚
- シュレッドチーズ……30g

- パセリ……適宜

シンプルな材料で自分で作るホワイトソースは、乳の風味が際立つやさしいおいしさ。野菜をバターで炒めたところに薄力粉と牛乳を加えて、フライパン一つで作るソースなら、思い立ったらすぐドリア。アンチョビで旨味のある魚の香りと、キリッとした塩気をきかせると、いつもとは違うよそ行き感が加わって、素敵なおいしさになります。

ドリアソースを作る

◁野菜を炒める

フライパンにバター(1)を中火で溶かし、玉ねぎを加え炒めます。バターの塩分で玉ねぎの水気が引き出され、しんなりとしてきたら、少し火を弱めて**焼き色を付けないように気遣うことが大事**。続いてぶなしめじを加え、さらに炒めます。

炒め玉ねぎの旨味は、洋食における大事な味づくりの素。玉ねぎの炒め時間が一番長くなるように真っ先に炒め始めて、他の具材は時間差で加えていくのが、おいしさへつながる道です。

◁薄力粉を加える

ぶなしめじがしっとりしてきたら、**一度火を止め薄力粉を振り入れて混ぜ込みます**。全体に粉が行き渡ったら、再び火をつけて弱火でほぐすように炒めていきます。

小麦粉を使うホワイトソースのダマ問題。多くの場合、**原因は鍋の中の状態変化のスピードに自分がついていけないことにあります**。薄力粉を加えた途端に粉が水気を含み、熱

で急激にブリッと固まり始めると、わかっていても焦ってしまう。だから、それがわかっているなら**「一度火を止めて」鍋の方に落ち着いてもらうと、こちらも自分のペースで落ち着いて進めることができます。**

◁牛乳を加える

全体が温まって粉と野菜が一様になじんだら**また火を止めて、牛乳を4〜6回に分けて加え、その都度しっかり混ぜ込みます。**牛乳をすべて入れ切り、よく混ざったら、再び火をつけて大きく混ぜながら弱火で温めます。ホワイトソースのなめらかさは、薄力粉と牛乳がよく混ざり、加熱でとろみがつくことで作られますが、**薬のようにサッとは溶けないので溶かし込む時間が必要。**途中で火を止めるのは、鍋にその時間をもらうということ。

全体がしっかり温まったら、塩・白こしょうで味を調えて、ドリアソースの完成です。

器にごはんとソースを重ねて、焼く

耐熱皿に温かいごはんとバターを入れ、軽く混ぜてバターの味をごはんに行き渡らせます。バター味ライスを覆うようにドリアソースを広げ、シュレッドチーズを散らして、魚焼きグリルやトースターなどで、チーズにこんがり焼き目がつくまで7〜8分焼いていきます。

刻んだアンチョビを散らすと、魚の旨味とキリッとした塩気が味の印象を引き締めてくれるのでおすすめです。少量で特別な風味が加わるアンチョビは大好物の食材。とはいえ

塩気が強く一度に使える量はどうしても少しずつなので、冷蔵庫に待機していることが多い。いつもならベーコンやソーセージといった肉の加工品を使うところを、時にはアンチョビに変えてみると、味わいと気分の転換に優れた効果を発揮してくれます。

できあがり

チーズに香ばしい焼き色が付いたら完成です。具材はすべて火が通っているので、表面にいかにもおいしそうな焼き色が付いて、器が熱くなればもう十分。取り出す時は、くれぐれも火傷に注意してください。仕上げにパセリを振っても。玉ねぎときのこのシンプルなソースとごはん。それぞれの質感と味わいが確かにそこにあり、アンチョビのキリッとした塩気が、［バター・牛乳・チーズ］の乳のやさしいおいしさを一層際立てます。つい熱さもそっちのけで、次々口に運びたくなってしまう。

自分がひたすら頑張るか、お鍋の方に合わせてもらうか。その時々の調子で相談しながら向き合えば、料理はいつでも問題ない。

クリスマスには グラタンを

コキーユ・サンージャック

初めてレストランの厨房で迎えたクリスマスシーズン。まだなじまないフレンチ用語に加え、特別メニューで、食材も料理も初めて見聞きするものばかり。何をしてよいかもわからず、シェフに言われるがままあっちへこっちへとその場をくるくると回っていただけだった。そんな記憶と共に聖夜が近づくと思い出す「コキーユ・サンージャック」は、その静かな名前の響きも、温かい素敵なおいしさも、今も私の好きなフランス料理の一つです。

コキーユ・サンージャックの作り方

〈材料〉2人分

- ホタテ貝柱（冷凍）……8個
- 玉ねぎ……120g（中½個）
  （横半分にして繊維に沿って薄切り）
- マッシュルーム
  ……1パック（4〜6個）
  （軸を取り5㎜厚さに切る）

- 白ワイン……20g
- バター……20g
- 薄力粉……20g
- 牛乳……200g
- 生クリーム……20g

- 粉チーズ……5g

- 塩、白こしょう……各適量

- パセリ……適宜

▼きのこ類は大きめに切る

加熱すると水分が出てすっかり小さくなるので、仕上がりのイメージよりかなり大きめに切り、量も多めに使用するとバランスがよくなる。

「コキーユ・サンージャック」はフランス語でホタテ貝のこと。そのホタテをホワイトソースとチーズで焼いた、シンプルなグラタンをそう呼ぶこともあります。みんな大好きグラタンは、元々フランス料理。「今日はフランス料理を作ってみよう」と、ちょっと洒落た気分で向き合う方が上手くいきます。

具材を準備する

冷凍のホタテは、溶ける時に出るドリップも後で生かせるように、器に入れて解凍しておきます。玉ねぎは横に半分に切ってから繊維に沿って薄切りに。マッシュルームは軸を切って、汚れがあればペーパータオルで拭いてから5㎜厚さに切ります。やはりマッシュルームを使うと、途端に西洋料理の香りがしてくるから不思議です。

ホタテを焼き、玉ねぎを炒める

ホタテが溶けたら、ドリップは器に残したまま、身の水気をキッチンペーパーで軽く押さえ、薄く塩・白こしょうを振ります。フライパンにバターの半量を温めて、両面を焼いていきます。余熱でも火が入るので、弱めの中火で表面をさっと焼いたら、元の器に取り出しておきます。

続いて、そのままのフライパンに残りのバターを溶かし、玉ねぎを炒めます。水分が多いうちは急に焦げたりしないので中火で炒め始め、徐々にしんなりしてかさが減ってきた

▼バターは小さな角切りが便利
料理に使うバターは1㎝目安の角切りにして保存しておくと、溶けが早く、量の見当も付けやすいので便利（1かけ約2g）。

ら火を弱めます。玉ねぎの食感を残すか、トロッと仕上げるかは、この炒め加減で調節可能。私は後者のトロッとした玉ねぎが好きなので、ここはしっかり炒めます。ただしこれから作るのはホワイトソースのグラタンなので、**ホワイトを意識して焦がさないように気**をつけてください。

マッシュルームを足してさらに炒める

玉ねぎにツヤが出てきたらマッシュルームを加えて、さらに炒め続けます。しっとり一体感を感じるようになったら、風味付けの白ワインを加えてなじませます。料理にワインを使う日は、私は手頃なワインを買ってきて、料理に使った残りは飲んでしまいます。使う量より飲む量の方が圧倒的に多くなりますが、それはそれとして。

ソースを仕上げる

具材に火が入ったら、薄力粉、牛乳の順に加えて、いよいよソースにしていきます。

◁薄力粉を加える

まず、火を止めます。そこに薄力粉を入れ、火を止めたまま全体になじむまでしっかり混ぜ、粉が見えなくなるまで混ざったら、また火をつけて弱火でほぐすようにしながら炒めます。はじめはネチッと固まっていますが、そのかたまりをヘラでトントントンと突くようにしていると、段々とほぐれてきます。

◁牛乳を加える

そこで**もう一度火を止めます**。冷たいままの牛乳を少しずつ加え、「牛乳を入れる度にしっかり混ぜ込んでから・次の牛乳を加える」を繰り返しながら、4〜6回ほどに分けて加えていきます。

「……これ混ざるの？」と一瞬不安がよぎっても、ちゃんと粉が牛乳を吸ってくれるから大丈夫。4回目くらいで何となく流動性が出始めると、やっとホッとできる。牛乳をすべて入れたらまた火をつけ、弱火で混ぜながら温めればソースの完成です。

ホワイトソース作りのポイントは、**鍋の中の状態変化を過剰に恐れないこと**。そのために私はいつも、⑴薄力粉を入れる時、⑵牛乳を入れる時、それぞれ**一度火を止めて、じっくり落ち着いて作業を進める**ようにしています。

ホタテを戻してなじませる

ソースに生クリームと、焼いて取り出しておいたホタテ（半分に切る）を、**旨味のある汁ごと**すべて加え、温めながらソースになじませます。ここで味を見て軽く塩・白こしょうで調えますが、バターの塩、帆立に振った塩、粉チーズの塩も重なることを想像しながら、濃くしすぎると後で引くことはできないので慎重に。

ほんの少し使うためだけに生クリームを用意するのはやや面倒にも思えますが、やはり入れるといかにもフランス料理らしいコクと特別感が一気に加わります。牛乳だけでもか

なりおいしくできるので、普段は牛乳を使って、振る舞う機会やご馳走感が欲しい時は生クリームありにして、その時々で使い分けてもよいと思います。生クリームはとても贅沢なおいしさを持っているので、「やや控えめ」に感じるくらいが適量です。

グラタンを焼く

全体が温まったら、耐熱の器に平らに盛り付け、粉チーズを振りかけて焼きます。既に具材には火が通っているので、表面においしい焼き色が付けば十分。オーブンの場合は、230℃（予熱あり）で8〜10分を目安に焼いてください。トースターや魚焼きグリルでも大丈夫です。

できあがり

チーズにおいしそうな焦げ目がついたら、お好みでパセリをふって完成です。器が熱くなっているので、取り出す時は火傷にご注意を。具材でもあり、ソースでもある玉ねぎ・マッシュルームと帆立の旨味が一体に溶け合う、素敵なおいしさ。少しのパンがあれば、もう十分すぎるご馳走です。

ハムなど買ってきたものを少し並べただけで、おもてなし感が増します。さらりと料理に使った白ワインといただいたり、発泡タイプの純米酒を合わせるのも、おすすめです。お客さまへのおもてなしにも、特別な日の「自分自身」へのおもてなしにも、どちらにもぴったりの、豊かで、美しいフランス料理です。

温かいものが食べたい、温かいものを食べてほしい。その気持ちが、レシピには書いていない、冬の料理をおいしくする一番大切なカギだと思います。

雑記

私にとってのミシェル・ブラス

関東北部にあったその店を訪れたのは、友人からの「あなたはきっと気に入る」という熱心な誘いがきっかけ。丁寧な店の設い、丹念な料理の味わい、愛猫との静かな暮らし。古くから織物で栄えた歴史ある街に生まれ、豊かな自然に包まれながら育ち、本で得た知識と独学で身に付けた技術だけでレストランを開いた、女性店主の〈独特かつ抜群の感性〉が隈なく行き渡っていた。料理の世界に入って数年が経ち、少しわかったような気になりかけていた私は、目の前に広がる世界観にたちまち心酔して、勤め先のレストランが連休になると、彼女の料理を学ぶために一人包丁を携え、片道2時間の特急に揺られて通うようになった。

「若い時は大して味もわからないのにやたらと腹は減って、お金もないしどうにかお腹を膨らませるだけで精一杯だった。だから、よし稼げるようになったらおいしいものをたらふく食べてやろうとがむしゃらに働いてきたのに、やっと稼ぎと味覚が伴ってきた頃には、今度は歳で量が食べられなくなって。つくづく上手くいかないもんだね」。それが口グセだった彼女が美味探求の中で辿り着いた一番の好物は、お客さんに出すごはんを炊いた土鍋に残るおこげを、お湯でこそげた、重湯のようなものだった。「ああ、これを食べる時が一番幸せ」と、心の底から嬉しそうに食べていた顔をよく思い出す。店の主人として1日のお客さまを無事に送り出せたという安心感が、彼女にとってそれを特別なおいしさにさせていたのだと思う。

※ミシェル・ブラス…生まれ育った自然の中で料理の世界観を独学で確立し、ミシュラン三つ星を自ら返上するまで維持し続けたフランス人シェフ。

主な食材別INDEX

肉・肉加工品

野菜・果物

本書で複数回使用している主な食材別に、レシピをまとめました。
余った食材で次は何を作ろうかと考える時にご活用ください。

主な食材別INDEX

米・パン

その他

デザイン　細山田光宣、藤井保奈（細山田デザイン事務所）
写真　日田ハルカ（おとな料理制作室）
校正　麦秋新社
編集　安田 遥（ワニブックス）

おとな料理制作室へようこそ

美窪たえ 著

2021年9月22日　初版発行

発行者　横内正昭
編集人　青柳有紀
発行所　株式会社ワニブックス
〒150-8482
東京都渋谷区恵比寿4-4-9　えびす大黒ビル
電話　03-5449-2711（代表）
03-5449-2716（編集部）
ワニブックスHP　http://www.wani.co.jp/
WANI BOOKOUT　http://www.wanibookout.com/

印刷所　株式会社美松堂
DTP　株式会社オノ・エーワン
製本所　ナショナル製本

ISBN 978-4-8470-7091-4